Unsichere Operationsindikationen und Überversorgung

Viktorija Pède • Eike Sebastian Debus
Reinhart T. Grundmann

Unsichere Operationsindikationen und Überversorgung

Häufigkeit chirurgischer und interventioneller Eingriffe im internationalen Vergleich

Viktorija Pède
Gefäßzentrum
Klinikum Gütersloh
Gütersloh, Deutschland

Eike Sebastian Debus
Klinik und Poliklinik für Gefäßmedizin
Universitäres Herz- und Gefäßzentrum
Hamburg, Deutschland

Reinhart T. Grundmann
Klinik und Poliklinik für Gefäßmedizin
Universitäres Herz- und Gefäßzentrum
Hamburg, Deutschland

ISBN 978-3-662-70489-9   ISBN 978-3-662-70490-5   (eBook)
https://doi.org/10.1007/978-3-662-70490-5

Die Deutsche Nationalbibliothek verzeichnet diese Publikation in der Deutschen Nationalbibliografie; detaillierte bibliografische Daten sind im Internet über https://portal.dnb.de abrufbar.

© Der/die Herausgeber bzw. der/die Autor(en), exklusiv lizenziert an Springer-Verlag GmbH, DE, ein Teil von Springer Nature 2024
Das Werk einschließlich aller seiner Teile ist urheberrechtlich geschützt. Jede Verwertung, die nicht ausdrücklich vom Urheberrechtsgesetz zugelassen ist, bedarf der vorherigen Zustimmung des Verlags. Das gilt insbesondere für Vervielfältigungen, Bearbeitungen, Übersetzungen, Mikroverfilmungen und die Einspeicherung und Verarbeitung in elektronischen Systemen.
Die Wiedergabe von allgemein beschreibenden Bezeichnungen, Marken, Unternehmensnamen etc. in diesem Werk bedeutet nicht, dass diese frei durch jede Person benutzt werden dürfen. Die Berechtigung zur Benutzung unterliegt, auch ohne gesonderten Hinweis hierzu, den Regeln des Markenrechts. Die Rechte des/der jeweiligen Zeicheninhaber*in sind zu beachten.
Der Verlag, die Autor*innen und die Herausgeber*innen gehen davon aus, dass die Angaben und Informationen in diesem Werk zum Zeitpunkt der Veröffentlichung vollständig und korrekt sind. Weder der Verlag noch die Autor*innen oder die Herausgeber*innen übernehmen, ausdrücklich oder implizit, Gewähr für den Inhalt des Werkes, etwaige Fehler oder Äußerungen. Der Verlag bleibt im Hinblick auf geografische Zuordnungen und Gebietsbezeichnungen in veröffentlichten Karten und Institutionsadressen neutral.

Planung/Lektorat: Fritz Kraemer
Springer ist ein Imprint der eingetragenen Gesellschaft Springer-Verlag GmbH, DE und ist ein Teil von Springer Nature.
Die Anschrift der Gesellschaft ist: Heidelberger Platz 3, 14197 Berlin, Germany

Wenn Sie dieses Produkt entsorgen, geben Sie das Papier bitte zum Recycling.

Vorwort

Bereits im Jahr 1998 berichteten Birkmeyer et al. (1998) über den schwer zu begründenden, unterschiedlich häufigen Einsatz von chirurgischen Behandlungsverfahren und machten dies an der Tatsache fest, dass für viele Eingriffe die geografischen Variationsprofile sich ganz erheblich unterscheiden – ohne dass die Krankheitshäufigkeit oder das Risikoprofil der Patienten wesentlich differiert. Dies kann zum einen darauf beruhen, dass neue Techniken regional nicht in gleicher Schnelligkeit und Weise umgesetzt wurden, dies wäre dann eine Unterversorgung („underuse") in einzelnen Gebieten, oder aber, dass Eingriffe zu häufig indiziert werden („overuse" = Überversorgung). Dabei besteht kein Zweifel daran, dass speziell unterschiedliche Haltungen und Einstellungen zur Indikationsstellung die wichtigsten Gründe für eine hohe regionale Varianz bei vielen Behandlungsverfahren darstellen (Birkmeyer 2013). Overuse ist dann auch ein wirtschaftliches Anliegen, blähen unnötige Eingriffe die Kosten des Gesundheitssystems doch ungerechtfertigt auf.

In Anbetracht sich ständig erhöhender Kosten in unserem Gesundheitssystem mit entsprechend jährlich steigenden Versicherungsbeiträgen, die nur unzureichend hinterfragt werden, ist es ein Anliegen der vorliegenden Untersuchung, anhand geografischer Unterschiede bei der Behandlung ausgewählter Erkrankungen auf potenzielle Einspareffekte hinzuweisen. Dabei wurden beispielhaft Eingriffe ganz verschiedener Fächer herausgegriffen mit der Frage, ob sich eine generelle Tendenz für Deutschland ableiten lässt. Im ersten Kapitel gingen wir hierzu der regionalen Variation in Deutschland, im zweiten Kapitel der Häufigkeit bestimmter Eingriffe in OECD-Ländern anhand nationaler und internationaler statistischer Erhebungen nach.

In Kap. 1 wurde beispielhaft die Operationsfrequenz von Eingriffen ganz unterschiedlicher Fächer wie Allgemeinchirurgie, Orthopädie, Kardiologie, HNO (Hals-Nasen-Ohren-Heilkunde), Urologie und die Sectio caesarea in deutschen Bundesländern populationsbezogen analysiert. Zu klären war, ob sich die Eingriffsfrequenzen regional stark unterscheiden und ob sich dies für alle Fächer in gleicher Weise nachweisen lässt. Sollte letzteres der Fall sein, so wäre zu fragen, ob sich diese Beobachtung mit einer unterschiedlichen regionalen Krankheitshäufigkeit oder eher mit einer unterschiedlich häufig gestellten Operationsindikation erklären lässt. Inwieweit die Eingriffszahlen mit dem Durchschnittsalter der Bevölkerung, Krankenhausbettenzahl und Arztdichte assoziiert sind, sollte geprüft werden.

In Kap. 2 wurden dann diese Ergebnisse anhand der Statistiken der OECD der Jahre 2010–2021, je nach Verfügbarkeit, im internationalen Vergleich weiter vertieft. Es war zu fragen, welche Eingriffshäufigkeiten in anderen Ländern zu beobachten sind und welche Position Deutschland im Vergleich einnimmt (Kap. 3). Hinterfragt wurden neben der Operationshäufigkeit für ausgewählte Eingriffe wiederum Krankenhausbettenzahl und Arztdichte, sowie das Outcome, gemessen an Lebenserwartung und Alter der Bevölkerung. Diesen entscheidenden Zielparametern sollten die Gesundheitsausgaben im internationalen Vergleich gegenübergestellt werden (Kap. 4), um so die Effizienz des Gesundheitssystems in Deutschland im internationalen Vergleich besser bewerten zu können.

Abschließend wurde anhand einer Literaturrecherche in der Datenbank PubMed hinterfragt (Kap. 5), welche geografischen und regionalen Unterschiede zu den wichtigsten hier analysierten Eingriffen in der wissenschaftlichen Literatur berichtet werden und, ganz wesentlich, wie diese Unterschiede interpretiert werden – als Unterversorgung oder eher als Überversorgung? Die berichteten Mittelwerte könnten dann als Zielkriterien für die Häufigkeit der in Deutschland vorgenommenen Eingriffe gelten.

Die Ergebnisse werden zeigen, dass unsichere Indikationen einen wesentlichen Grund für die Variation in der Operationshäufigkeit darstellen. Dieser Entscheidungskorridor wird nicht zuletzt aufgrund ökonomischer Anreize im Ländervergleich ganz unterschiedlich genutzt, wie diese Untersuchung vermuten lässt.

Wir würden uns freuen, wenn diese Analyse dazu beitragen könnte, über die Wirtschaftlichkeit unseres Gesundheitssystems verstärkt nachzudenken, um vielleicht falsche Anreize zu beseitigen.

Viktorija Pède, Eike S. Debus und Reinhart T. Grundmann
Gütersloh und Hamburg, im November 2024

Gütersloh, Deutschland	Viktorija Pède
Hamburg, Deutschland	Eike Sebastian Debus
Hamburg, Deutschland	Reinhart T. Grundmann

Inhaltsverzeichnis

1 Epidemiologische Angaben zur Operationshäufigkeit in deutschen Bundesländern 1
   1.1   Appendektomie 1
   1.2   Thyreoidektomie 2
   1.3   Cholezystektomie... 3
   1.4   Inguinaler Hernienverschluss............................... 4
   1.5   Tonsillektomie 5
   1.6   Knieendoprothesenimplantation 7
   1.7   Hüftgelenksersatz... 9
   1.8   Meniskusoperation.. 9
   1.9   Eingriffe an der Wirbelsäule 10
   1.10 Transarterielle Linksherzkatheteruntersuchung................ 11
   1.11 Perkutane transluminale Koronarangioplastie 12
   1.12 Varizenoperation 13
   1.13 Sectio caesarea... 14
   1.14 Radikale Prostatakrebsoperation 15
   1.15 Diskussion der regionalen Unterschiede in der Operationshäufigkeit 16

2 Operationshäufigkeit in 23 OECD-Ländern 21
   2.1   Appendektomie 22
   2.2   Cholezystektomie.. 23
   2.3   Inguinaler Hernienverschluss.............................. 24
   2.4   Knieprothesenimplantation 25
   2.5   Hüftgelenksersatz.. 26
   2.6   Perkutane Koronarintervention 27
   2.7   Sectio caesarea... 28
   2.8   Prostatektomie 29

3 Diskussion der regionalen Unterschiede in der Operationshäufigkeit der OECD-Länder 31
   3.1   Eingriffshäufigkeit und Krankenhausbettenzahl 31
   3.2   Eingriffshäufigkeit und Arztdichte.......................... 34
   3.3   Eingriffshäufigkeit und Übergewicht........................ 35

4　Gesundheitsausgaben in den OECD-Ländern 37
　4.1　Gesundheitsausgaben und Eingriffshäufigkeit 37
　4.2　Gesundheitsausgaben und Alter der Bevölkerung 38
　4.3　Gesundheitsausgaben und Lebenserwartung 40
　4.4　Ausgaben für gesundheitliche Prävention 41

**5　Klinische Registererhebungen und Studien
　　zur Eingriffshäufigkeit im Vergleich** 43
　5.1　Unkomplizierte Appendizitis 44
　5.2　Asymptomatische/minimal symptomatische
　　　Leistenhernie bei Männern 45
　5.3　Claudicatio intermittens 45
　5.4　Herzkatheteruntersuchung und diagnostische
　　　Koronarangiografie 46
　5.5　Tonsillektomie und Tonsillotomie 48
　5.6　Kniegelenksersatz 49
　5.7　Hüftgelenksersatz 51
　5.8　Bauchaortenaneurysma 53
　5.9　Extrakranielle Karotisstenose (Verengung der Halsschlagader) 54
　5.10　Prostatakarzinom 56
　5.11　Sectio caesarea 59
　5.12　Fazit 61

Anhang 63

Epidemiologische Angaben zur Operationshäufigkeit in deutschen Bundesländern

Inhaltsverzeichnis

1.1	Appendektomie	1
1.2	Thyreoidektomie	2
1.3	Cholezystektomie	3
1.4	Inguinaler Hernienverschluss	4
1.5	Tonsillektomie	5
1.6	Knieendoprothesenimplantation	7
1.7	Hüftgelenksersatz	9
1.8	Meniskusoperation	9
1.9	Eingriffe an der Wirbelsäule	10
1.10	Transarterielle Linksherzkatheteruntersuchung	11
1.11	Perkutane transluminale Koronarangioplastie	12
1.12	Varizenoperation	13
1.13	Sectio caesarea	14
1.14	Radikale Prostatakrebsoperation	15
1.15	Diskussion der regionalen Unterschiede in der Operationshäufigkeit	16

1.1 Appendektomie

Insgesamt wurden in Deutschland im Jahr 2018 108.247 Appendektomien durchgeführt. Der Median lag bei 128,0 Eingriffen pro 100.000 Einwohner.

Am häufigsten (berechnet auf 100.000 Einwohner) wurde die Appendektomie in Bremen, am seltensten in Brandenburg durchgeführt. Auffallend ist, dass in den Flächenstaaten Brandenburg und Schleswig-Holstein die Appendektomierate deutlich geringer als in benachbarten Stadtstaaten wie Bremen und Hamburg war.

Die Zahlen in eckigen Klammern verweisen auf die Quellenangaben zu den statistischen Erhebungen, die im Anhang des Buches zusammengefasst und online frei zugänglich sind.

© Der/die Autor(en), exklusiv lizenziert an Springer-Verlag GmbH, DE, ein Teil von Springer Nature 2024
V. Pède et al., *Unsichere Operationsindikationen und Überversorgung*,
https://doi.org/10.1007/978-3-662-70490-5_1

Tab. 1.1 Appendektomierate im Jahr 2018 in den deutschen Bundesländern. [1, 2]

Region	Absolute Anzahl Appendektomien (n)	Anzahl pro 100.000 Einwohner
Bremen	994	146,0
Hamburg	2672	144,7
Nordrhein-Westfalen	25.029	139,5
Bayern	18.111	138,0
Thüringen	2884	135,2
Niedersachsen	10.617	132,8
Saarland	1278	129,5
Sachsen-Anhalt	2837	129,3
Mecklenburg-Vorpommern	2033	126,4
Berlin	4592	125,2
Baden-Württemberg	13.833	124,6
Rheinland-Pfalz	5085	124,2
Hessen	7626	121,3
Sachsen	4624	113,6
Schleswig-Holstein	3244	111,7
Brandenburg	2788	110,6
Insgesamt in Deutschland	**108.247**	**Median 128,0**

Der Unterschied zwischen der höchsten Appendektomierate (146,0 pro 100.000 Einwohner) und der niedrigsten (110,6 pro 100.000 Einwohner) betrug 35,4 pro 100.000 Einwohner (d. h., in der Region mit dem höchsten Aufkommen wurden 1,3-mal mehr Appendektomien durchgeführt als in der Region mit dem geringsten Aufkommen).

Der Unterschied zwischen Hamburg (zweithöchste Appendektomierate) und dem benachbarten Schleswig-Holstein (zweitniedrigste Appendektomierate) war ebenfalls auffallend: in Hamburg wurden 33 Appendektomien pro 100.000 Einwohner mehr vorgenommen als in Schleswig-Holstein (Faktor 1,3). Einzelheiten sind Tab. 1.1 zu entnehmen.

1.2 Thyreoidektomie

Insgesamt wurden in Deutschland im Jahr 2018 30.342 Thyreoidektomien durchgeführt. Der Median lag bei 35,9 Eingriffen pro 100.000 Einwohner.

Am häufigsten (berechnet auf 100.000 Einwohner) wurde die Thyreoidektomie in Sachsen-Anhalt, am seltensten in Schleswig-Holstein durchgeführt (Tab. 1.2).

Der Unterschied zwischen der höchsten (62,2 pro 100.000 Einwohner) und der niedrigsten (18,0 pro 100.000 Einwohner) Thyreoidektomierate betrug 44,2 Eingriffe pro 100.000 Einwohner (d. h., in der Region mit dem höchsten Aufkommen wurden 3,4-mal mehr Thyreoidektomien durchgeführt als in der Region mit dem geringsten Aufkommen).

Tab. 1.2 Thyreoidektomierate im Jahr 2018 in den deutschen Bundesländern. [1, 2]

Region	Absolute Anzahl Thyreoidektomien (n)	Anzahl pro 100.000 Einwohner
Sachsen-Anhalt	1366	62,2
Bayern	6277	47,8
Hamburg	822	44,5
Sachsen	1735	42,6
Hessen	2606	41,5
Nordrhein-Westfalen	6789	37,8
Saarland	367	37,2
Niedersachsen	2398	36,3
Thüringen	757	35,5
Berlin	1299	35,4
Mecklenburg-Vorpommern	580	31,6
Rheinland-Pfalz	1254	30,6
Bremen	200	29,4
Baden-Württemberg	2744	24,7
Brandenburg	622	24,7
Schleswig-Holstein	524	18,0
Insgesamt in Deutschland	**30.342**	**Median 35,9**

Der Unterschied zwischen Bayern (zweithöchste Eingriffsrate) und Brandenburg oder Baden-Württemberg (zweitniedrigste Eingriffsrate) war ebenfalls auffallend: In Bayern wurden 23,2 mehr Thyreoidektomien pro 100.000 Einwohner vorgenommen als in Brandenburg oder Baden-Württemberg (Faktor 1,9). Einzelheiten sind in Tab. 1.2 aufgeführt.

Laut dem Bundesinstitut für Risikobewertung (2021) ist die Jodversorgung der Bevölkerung in Deutschland immer noch nicht optimal und zeigt sogar eine rückläufige Tendenz. Vor diesem Hintergrund erscheint die Hypothese plausibel, dass eine Korrelation zwischen der geografischen Verteilung von Schilddrüsenoperationen in Deutschland und regionalen Unterschieden in der Prävalenz von Jodmangel bestehen könnte. Die Analyse in Tab. 1.2 unterstützt diese Annahme nicht. So zeigen die Städte Bremen und Hamburg trotz ihrer räumlichen Nähe deutliche Unterschiede in der Operationsfrequenz, was eher auf variierende lokale Gesundheitspraktiken oder Differenzen in der Zugänglichkeit zur medizinischen Versorgung hindeutet. Noch krasser sind die Unterschiede zwischen Hamburg und Schleswig-Holstein. Die Recherche ergab ferner, dass spezifische regionale Daten zur Verteilung des Jodmangels fehlen, was eine detaillierte Analyse erschwert und aufzeigt, dass umfassendere epidemiologische Studien notwendig sind, um die tatsächlichen Zusammenhänge zu ergründen.

1.3 Cholezystektomie

Insgesamt erfolgten in Deutschland im Jahr 2018 198.942 Cholezystektomien. Der Median lag bei 249,5 Eingriffen pro 100.000 Einwohner.

Tab. 1.3 Cholezystektomierate im Jahr 2018 in den deutschen Bundesländern. [1, 2]

Region	Absolute Anzahl Cholezystektomien (n)	Anzahl pro 100.000 Einwohner
Saarland	3118	315,9
Bremen	2030	298,1
Mecklenburg-Vorpommern	4411	274,3
Hamburg	4855	262,9
Thüringen	5548	260,1
Sachsen-Anhalt	5691	259,3
Nordrhein-Westfalen	45.956	256,1
Rheinland-Pfalz	10.315	252,0
Niedersachsen	19.755	247,1
Berlin	8622	234,0
Sachsen	9365	230,0
Hessen	14.441	229,7
Bayern	29.569	225,3
Schleswig-Holstein	6362	219,1
Baden-Württemberg	23.719	213,7
Brandenburg	5185	205,6
Insgesamt in Deutschland	**198.942**	**Median 249,5**

Am häufigsten (berechnet auf 100.000 Einwohner) wurde die Cholezystektomie in Saarland, am seltensten in Brandenburg durchgeführt. Der Unterschied zwischen der höchsten (315,9 pro 100.000 Einwohner) und der niedrigsten (205,6 pro 100.000 Einwohner) Cholezystektomierate betrug 110 pro 100.000 Einwohner (d. h., in der Region mit dem höchsten Aufkommen wurden populationsbezogen 1,5-mal mehr Cholezystektomien durchgeführt als in der Region mit dem geringsten Aufkommen).

Der Unterschied zwischen Bremen (zweithöchste Cholezystektomierate) und Baden-Württemberg (zweitniedrigste Cholezystektomierate) war ebenfalls auffallend: In Bremen wurden 84,4 mehr Cholezystektomien pro 100.000 Einwohner vorgenommen als in Baden-Württemberg (Faktor 1,4).

Eine Erklärung für die deutlichen Unterschiede muss offenbleiben. Einzelheiten sind Tab. 1.3 zu entnehmen.

1.4 Inguinaler Hernienverschluss

Insgesamt wurden in Deutschland im Jahr 2018 176.105 Leistenhernienversorgungen durchgeführt. Der Median lag bei 215,1 Eingriffen pro 100.000 Einwohner.

Am häufigsten (berechnet auf 100.000 Einwohner) erfolgte der Leistenhernienverschluss in Hamburg, am seltensten in Schleswig-Holstein. Der Unterschied zwischen der höchsten (264,1 pro 100.000 Einwohner) und der niedrigsten (164,4 pro 100.000 Einwohner) Eingriffsrate betrug 99,7 pro 100.000 Einwohner (d. h., in der Region mit dem höchsten Aufkommen wurden populationsbezogen 1,6-mal mehr Leistenhernienreparationen durchgeführt als in der Region mit dem geringsten Aufkommen).

Tab. 1.4 Rate an inguinalen Hernienverschlüssen im Jahr 2018 in den deutschen Bundesländern. [1, 2]

Region	Absolute Anzahl Verschlüsse einer Inguinalhernie (n)	Anzahl pro 100.000 Einwohner
Hamburg	4878	264,1
Saarland	2579	261,3
Berlin	8420	229,5
Sachsen	9159	224,9
Rheinland-Pfalz	8966	219
Bayern	28.598	217,9
Bremen	1480	217,3
Nordrhein-Westfalen	38.958	217,1
Sachsen-Anhalt	4677	213,1
Baden-Württemberg	23.577	212,4
Thüringen	4488	210,4
Hessen	12.607	200,5
Mecklenburg-Vorpommern	3106	193,2
Niedersachsen	15.427	193,0
Brandenburg	4412	175,0
Schleswig-Holstein	4773	164,4
Insgesamt in Deutschland	**176.105**	**Median 215,1**

Der Unterschied zwischen Saarland (zweithöchste Eingriffsrate) und Brandenburg (zweitniedrigste Eingriffsrate) war ebenfalls auffallend: In Saarland wurden 86,4 mehr inguinale Hernienverschlüsse pro 100.000 Einwohner vorgenommen als in Brandenburg (Faktor 1,5). Einzelheiten sind Tab. 1.4 zu entnehmen.

Bei den Angaben fällt auf, dass in Großstadtregionen (Hamburg, Berlin im Vergleich zu Schleswig-Holstein und Brandenburg) die Eingriffe gehäuft durchgeführt wurden, was zum einen auf Zentrumsbildungen und zum anderen auf eine mögliche Versorgung des Umlands zurückgeführt werden könnte.

1.5 Tonsillektomie

Insgesamt wurden im Jahr 2018 in Deutschland 61.336 Tonsillektomien durchgeführt. Der Median lag bei 73,7 Eingriffen pro 100.000 Einwohner.

Am häufigsten (bezogen auf 100.000 Einwohner) wurde die Tonsillektomie in Hamburg, am seltensten in Schleswig-Holstein durchgeführt. Der Unterschied zwischen der höchsten (159,8 pro 100.000 Einwohner) und der niedrigsten (46,1 pro 100.000 Einwohner) Eingriffsrate betrug 113,7 pro 100.000 Einwohner (Faktor 3,5).

Der Unterschied zwischen Bremen (zweithöchste Eingriffsrate) und Rheinland-Pfalz (zweitniedrigste Eingriffsrate) war ebenfalls auffallend: In Bremen wurden 73,5 mehr Tonsillektomien pro 100.000 Einwohner vorgenommen als in Rheinland-Pfalz.

Tab. 1.5 Tonsillektomierate (ohne Adenotomie) im Jahr 2018 in den deutschen Bundesländern. [1–3]

Region	Absolute Anzahl Tonsillektomien (n) im Jahr 2018	Anzahl (n) pro 100.000 Einwohner	HNO-Ärzte je 100.000 EW im Jahr 2022
Hamburg	2952	159,8	7,6
Bremen	886	130,1	8,2
Sachsen-Anhalt	2381	108,5	5,8
Mecklenburg-Vorpommern	1439	89,5	6,5
Saarland	864	87,5	6,2
Niedersachsen	6157	77,0	5,4
Nordrhein-Westfalen	13.665	76,1	5,0 Westfalen-Lippe 6,2 Nordrhein
Thüringen	1581	74,1	5,6
Hessen	4601	73,2	5,1
Baden-Württemberg	8012	72,2	4,8
Brandenburg	1679	66,6	5,1
Sachsen	2651	65,1	6,3
Berlin	2373	64,7	7,7
Bayern	8441	64,3	5,1
Rheinland-Pfalz	2315	56,6	4,8
Schleswig-Holstein	1339	46,1	5,1
Insgesamt in Deutschland	**61.336**	**Median 73,7**	

Mit der HNO-Arztdichte allein lassen sich diese Unterschiede nicht erklären, wenn einerseits in Berlin bei einer HNO-Arztdichte von 7,7 pro 100.000 Einwohner 64,7 Tonsillektomien pro 100.000 Einwohner durchgeführt wurden, verglichen mit mehr als der doppelten Anzahl an Tonsillektomien in Hamburg (159,8 pro 100.000 Einwohner) bei 7,6 HNO-Ärzten pro 100.000. Andererseits erfolgten in Baden-Württemberg mit der niedrigsten HNO-Arztdichte von 4,8/100.000 Einwohner nur 72,2 Tonsillektomien im Vergleich zu 159,8 Tonsillektomien in Hamburg bei einer HNO-Arztdichte von 7,6/100.000 Einwohner. Einzelheiten finden sich in Tab. 1.5.

Windfuhr et al. (2021) berichteten, dass in den Jahren 2012–2018 die Rate an Tonsillektomien in Deutschland um minus 50,3 % zurückging. Auf die Fallzahlentwicklung und gängige Praxis bei der Behandlung von Halsschmerzen ließ sich nur ein sehr limitierter Leitlinieneffekt nachweisen. Antibiotikaverordnungen spielten bei der Indikationsstellung der Tonsillektomie als Therapie von Halsschmerzen eine untergeordnete Rolle.

Das bedeutet, dass viele Tonsillektomien offensichtlich nicht leitliniengerecht erfolgen und dementsprechend fraglich oder sogar unnötig sind. Der Unterschied in der Tonsillektomierate war besonders auffallend während der Corona-Pandemie. Windfuhr und Günster (2022) sahen in Deutschland einen Rückgang der Tonsillektomien pro Woche von 556 (vor) auf 111 (während) und 326 (nach) dem ersten Lockdown. Nach dem Lockdown verblieb die Tonsillektomierate auf einem niedrigeren Niveau als im Jahr 2019. Gleichzeitig gingen die Arztkontakte wegen Halsschmerzen um 33,4 % zurück. Die Reduktion der Fallzahlen ging nicht mit steigenden Zahlen an Notfallbehandlungen einher. Dies lässt die Frage offen, ob die deutlich höheren Operationszahlen vor der Pandemie alle medizinisch begründbar waren.

1.6 Knieendoprothesenimplantation

Insgesamt wurden in Deutschland im Jahr 2019 193.759 Implantationen einer Knieendoprothese durchgeführt, im Median 231,9 Eingriffe pro 100.000 Einwohner.

Am häufigsten (bezogen auf 100.000 Einwohner) erfolgte die Implantation einer Knieendoprothese in Schleswig-Holstein, am seltensten in Berlin. Der Unterschied zwischen der höchsten (303,3 pro 100.000 Einwohner) und der niedrigsten (158,8 pro 100.000 Einwohner) Eingriffsrate betrug 144,5 pro 100.000 Einwohner (d. h., in der Region mit dem höchsten Aufkommen wurden 1,9-mal mehr Implantationen einer Knieendoprothese durchgeführt als in der Region mit dem geringsten Aufkommen).

Der Unterschied zwischen Thüringen (zweithöchste Eingriffsrate) und Nordrhein-Westfalen (zweitniedrigste Eingriffsrate) war ebenfalls auffallend: In Thüringen wurden 1,3-mal mehr Knie-TEPs pro 100.000 Einwohner vorgenommen als in Nordrhein-Westfalen. Einzelheiten sind Tab. 1.6 zu entnehmen.

Aufgrund der bekannten Beziehung zwischen Übergewicht und Kniegelenksarthrose, z. B. Jester et al. (2021) oder Wall et al. (2022), wurde zusätzlich die Zahl der Übergewichtigen in den deutschen Bundesländern im Jahr 2017 über-

Tab. 1.6 Rate an Knieendoprothesenimplantationen im Jahr 2019 in den deutschen Bundesländern. [4, 5]

Region	Absolute Anzahl Implantationen einer Endoprothese am Knie (n)	Anzahl pro 100.000 Einwohner
Schleswig-Holstein	8808	303,3
Thüringen	6025	282,5
Bayern	37.043	282,2
Sachsen-Anhalt	5983	272,6
Sachsen	11.054	271,5
Saarland	2533	256,6
Bremen	1619	237,7
Brandenburg	5870	232,8
Mecklenburg-Vorpommern	3715	231,0
Hamburg	4191	226,9
Baden-Württemberg	24.339	219,3
Rheinland-Pfalz	8913	217,7
Hessen	13.498	214,7
Niedersachsen	16.842	210,7
Nordrhein-Westfalen	37.498	208,9
Berlin	5828	158,8
Insgesamt in Deutschland	**193.759**	**Median 231,9**

1 Epidemiologische Angaben zur Operationshäufigkeit in deutschen Bundesländern

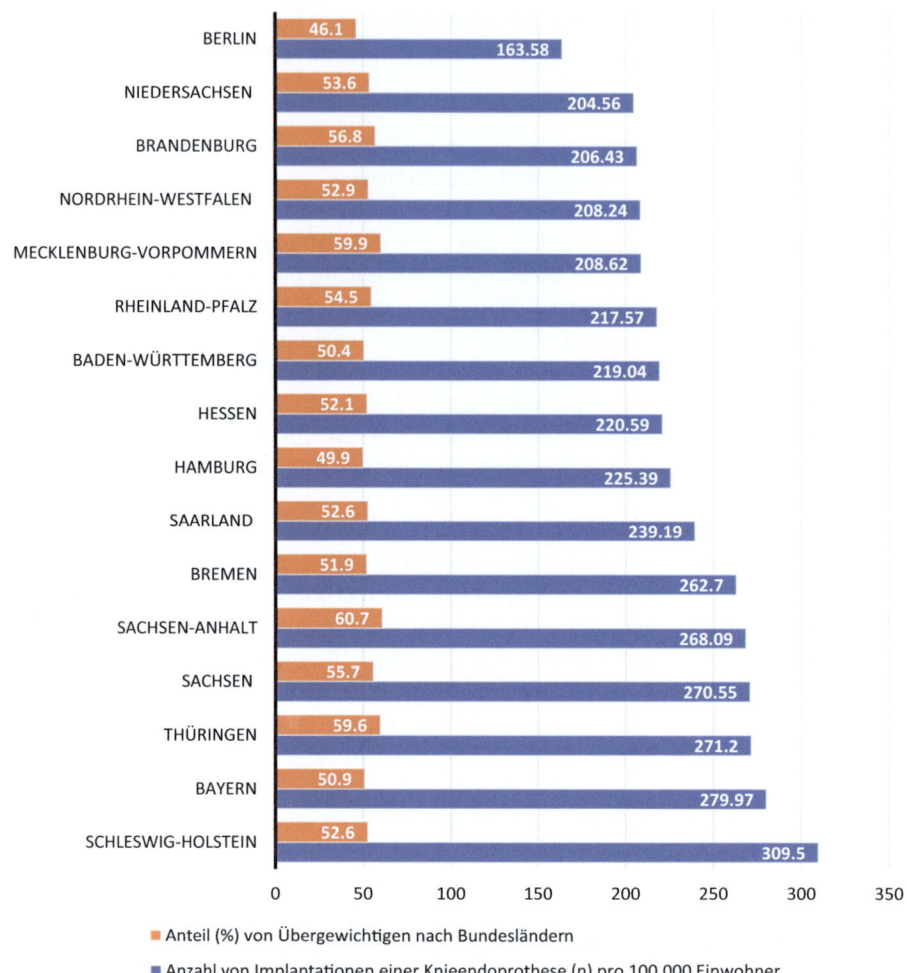

Abb. 1.1 Knieendoprothesenimplantationsrate und Anteil an Übergewichtigen in den deutschen Bundesländern im Jahr 2017. (Datengrundlage: [6–8])

prüft (Abb. 1.1). Die drei Bundesländer, in denen die höchste Zahl an Knieprothesen pro Einwohner im Jahr 2017 vorgenommen wurde, waren Schleswig-Holstein, Bayern und Thüringen. Die drei Länder mit der geringsten Zahl an Knieprothesen waren Berlin, Niedersachen und Brandenburg. Dies korrelierte nicht mit dem Prozentsatz an Übergewichtigen. Die drei Länder mit dem höchsten Prozentsatz an Übergewichtigen waren Sachsen-Anhalt, Mecklenburg-Vorpommern und Thüringen, die drei Länder mit dem geringsten Anteil an Übergewichtigen waren Berlin, Hamburg und Baden-Württemberg.

Tab. 1.7 Rate an Hüftgelenksendoprothesen im Jahr 2019 in den deutschen Bundesländern. [4, 5]

Region	Absolute Anzahl Implantationen einer Endoprothese am Hüftgelenk (n)	Anzahl pro 100.000 Einwohner
Bremen	2528	371,2
Hamburg	6476	350,6
Thüringen	7219	338,4
Schleswig-Holstein	9724	334,9
Sachsen	13.466	330,7
Bayern	41.286	314,6
Saarland	3008	304,8
Brandenburg	7627	302,4
Mecklenburg-Vorpommern	4849	301,6
Nordrhein-Westfalen	51.685	288,0
Niedersachsen	22.971	287,4
Hessen	17.155	272,8
Sachsen-Anhalt	5967	271,9
Rheinland-Pfalz	11.013	269,0
Baden-Württemberg	29.707	267,6
Berlin	8796	239,7
Insgesamt in Deutschland	**243.477**	**Median 302,0**

1.7 Hüftgelenksersatz

Insgesamt wurden in Deutschland im Jahr 2019 243.477 Implantationen einer Hüftgelenksendoprothese vorgenommen. Der Median lag bei 302,0 Eingriffe pro 100.000 Einwohner.

Am häufigsten (bezogen auf 100.000 Einwohner) wurden Hüftgelenksendoprothesen in Bremen, am seltensten in Berlin implantiert. Der Unterschied zwischen der höchsten (371,2 pro 100.000 Einwohner) und der niedrigsten (239,7 pro 100.000 Einwohner) Eingriffsrate betrug 131,5 pro 100.000 Einwohner (d. h., in der Region mit dem höchsten Aufkommen wurden ca. 1,6-mal mehr Implantationen durchgeführt als in der Region mit dem geringsten Aufkommen). Der Unterschied zwischen Hamburg (zweithöchste Eingriffsrate) und Baden-Württemberg (zweitniedrigste Eingriffsrate) war ebenfalls auffallend: In Hamburg wurden 83,0 mehr Hüft-TEPs pro 100.000 Einwohner implantiert als in Baden-Württemberg. Einzelheiten sind in Tab. 1.7 aufgeführt.

1.8 Meniskusoperation

Insgesamt wurden in Deutschland im Jahr 2019 229.409 Operationen am Gelenkknorpel u. a. am Meniskus durchgeführt. Der Median lag bei 252,6 Eingriffen pro 100.000 Einwohner. Am häufigsten (pro 100.000 Einwohner) wurde die Meniskusoperation in Hamburg, am seltensten in Thüringen durchgeführt.

Tab. 1.8 Meniskusoperationen im Jahr 2019 in den deutschen Bundesländern. [4, 5]

Region	Absolute Anzahl Operationen am Gelenkknorpel u. a. Menisken (n)	Anzahl pro 100.000 Einwohner
Hamburg	8.318	450,4
Schleswig-Holstein	11.501	396,0
Bayern	44.281	337,4
Nordrhein-Westfalen	58.757	327,4
Berlin	11.793	321,4
Bremen	1897	278,6
Sachsen	10.724	263,4
Saarland	2590	262,4
Baden-Württemberg	26.945	242,8
Rheinland-Pfalz	9660	236,0
Brandenburg	5097	202,1
Hessen	12.660	201,3
Niedersachsen	15.066	188,5
Sachsen-Anhalt	3940	179,5
Mecklenburg-Vorpommern	2699	167,9
Thüringen	3481	163,2
Insgesamt in Deutschland	**229.409**	**Median 252,6**

Der Unterschied zwischen der höchsten (450,4 pro 100.000 Einwohner) und der niedrigsten (163,2 pro 100.000 Einwohner) Eingriffsrate betrug 287,2 pro 100.000 Einwohner (d. h., in der Region mit dem höchsten Aufkommen wurden 2,8-mal mehr Meniskusoperationen durchgeführt als in der Region mit dem geringsten Aufkommen).

Der Unterschied zwischen Schleswig-Holstein (zweithöchste Eingriffsrate) und Mecklenburg-Vorpommern (zweitniedrigste Eingriffsrate) war ebenfalls auffallend: In Schleswig-Holstein wurden 228,2 mehr Meniskusoperationen pro 100.000 Einwohner vorgenommen als in Schleswig-Holstein (Faktor 2,4). Einzelheiten finden sich in Tab. 1.8.

1.9   Eingriffe an der Wirbelsäule

Insgesamt erfolgten in Deutschland im Jahr 2019 365.543 Eingriffe an der Wirbelsäule. Der Median lag bei 375,2 Eingriffen pro 100.000 Einwohner.

Am häufigsten (pro 100.000 Einwohner) wurden Operationen an der Wirbelsäule in Hessen, am seltensten in Brandenburg durchgeführt. Der Unterschied zwischen der höchsten (698,4 pro 100.000 Einwohner) und der niedrigsten (244,3 pro 100.000 Einwohner) Eingriffsrate betrug 454,1 pro 100.000 Einwohner (d. h., in der Region mit dem höchsten Aufkommen wurden 2,9-mal mehr Wirbelsäuleneingriffe vorgenommen als in der Region mit dem geringsten Aufkommen).

Der Unterschied zwischen Hamburg (zweithöchste Eingriffsrate) und Sachsen (zweitniedrigste Eingriffsrate) war ebenfalls auffallend: in Hamburg wurden 256,2 mehr Wirbelsäulenoperationen pro 100.000 Einwohner vorgenommen als in Sachsen (Faktor 1,8). Einzelheiten sind Tab. 1.9 zu entnehmen.

Tab. 1.9 Eingriffe an der Wirbelsäule im Jahr 2019 in den deutschen Bundesländern. [4, 5]

Region	Absolute Anzahl Operationen an der Wirbelsäule (n)	Anzahl pro 100.000 Einwohner
Hessen	43.912	698,4
Hamburg	10.690	578,8
Thüringen	11.097	520,3
Bayern	64.940	494,8
Nordrhein-Westfalen	85.021	473,7
Mecklenburg-Vorpommern	6961	432,9
Baden-Württemberg	42.242	380,6
Rheinland-Pfalz	15.358	375,1
Schleswig-Holstein	10.887	374,9
Niedersachsen	28.990	362,7
Sachsen-Anhalt	7775	354,2
Berlin	12.916	352,0
Saarland	3244	328,7
Bremen	2215	325,3
Sachsen	13.135	322,6
Brandenburg	6160	244,3
Insgesamt in Deutschland	**365.543**	**Median 375,2**

Auch die Bertelsmann Stiftung (Zich und Tisch 2017) berichtete, dass es regionale Unterschiede bei der Häufigkeit von Wirbelsäuleneingriffen bis um den Faktor 13 gäbe, was mit den Daten des statistischen Bundesamts (Jahre 2014/2015) belegt wurde. In Frankfurt (Oder) wurden im Jahr 2014–2015 beispielsweise durchschnittlich 39,7 Dekompressionsoperationen pro 100.000 Einwohner durchgeführt, im Kreis Fulda 548,7 pro 100.000 Einwohner.

1.10 Transarterielle Linksherzkatheteruntersuchung

Insgesamt wurden in Deutschland im Jahr 2018 825.533 Linksherzkatheteruntersuchungen durchgeführt. Der Median lag bei 1020,4 Eingriffen pro 100.000 Einwohner.

Am häufigsten (bezogen auf 100.000 Einwohner) wurde die transarterielle Linksherzkatheteruntersuchung in Saarland, am seltensten in Sachsen durchgeführt. Der Unterschied zwischen der höchsten (1340,3 pro 100.000 Einwohner) und der niedrigsten (797,0 pro 100.000 Einwohner) Eingriffsrate betrug 543,3 pro 100.000 Einwohner (d. h., in der Region mit dem höchsten Aufkommen wurden 1,7-mal mehr transarterielle Linksherzkatheteruntersuchungen durchgeführt als in der Region mit dem geringsten Aufkommen).

Der Unterschied zwischen Mecklenburg-Vorpommern (zweithöchste Eingriffsrate) und Hessen (zweitniedrigste Eingriffsrate) war ebenfalls auffallend: In Mecklenburg-Vorpommern wurden 421,1 mehr transarterielle Linksherzkatheteruntersuchungen pro 100.000 Einwohner vorgenommen als in Hessen (Faktor 1,5). Einzelheiten sind in Tab. 1.10 aufgeführt.

1 Epidemiologische Angaben zur Operationshäufigkeit in deutschen Bundesländern

Tab. 1.10 Transarterielle Linksherzkatheteruntersuchungen im Jahr 2018 in den deutschen Bundesländern, Durchschnittsalter der Bevölkerung im Jahr 2022 und prozentualer Anteil der Rentner im Jahr 2020. [1, 2, 9, 10]

Region	Absolute Anzahl transarterielle Linksherzkatheteruntersuchungen im Jahr 2018 (n)	Anzahl pro 100.000 Einwohner im Jahr 2018	Durchschnittsalter der Bevölkerung (Jahre) im Jahr 2022	Anteil der Rentner (%) im Jahr 2020
Saarland	13.229	1340,3	46,3	26,2
Mecklenburg-Vorpommern	19.812	1232,1	47,4	31,2
Berlin	43.902	1196,6	42,4	20,7
Sachsen-Anhalt	26.051	1186,8	47,9	32,1
Thüringen	24.596	1153,1	47,5	31,3
Nordrhein-Westfalen	205.688	1146,1	44,2	22,8
Bremen	7547	1108,2	43,4	22,1
Schleswig-Holstein	30.307	1043,6	45,6	24,6
Bayern	130.867	997,1	44	21,5
Rheinland-Pfalz	39.571	966,6	44,9	23,4
Brandenburg	24.356	965,7	47,1	29,4
Hamburg	17.242	933,5	42	18,5
Baden-Württemberg	92.520	833,5	43,8	21,2
Niedersachsen	66.397	830,6	44,7	23,8
Hessen	50.994	811,0	44	22,4
Sachsen	32.454	797	46,8	30,6
Insgesamt in Deutschland	**825.533**	**Median 1020,4**	**44,6**	**22**

Es wurde keine Korrelation zum Alter der Bevölkerung und zum prozentualen Rentneranteil festgestellt. Dabei sei angemerkt, dass die in dieser Untersuchung verwendeten Daten zur Altersstruktur der Bevölkerung und zum prozentualen Rentneranteil in den deutschen Bundesländern aus den Jahren 2022 bzw. 2020 stammen. Daten zum Durchschnittsalter und zum Rentneranteil aus dem Jahr 2018 waren nicht verfügbar.

1.11 Perkutane transluminale Koronarangioplastie

Insgesamt wurden in Deutschland im Jahr 2018 682.564 perkutane Koronarinterventionen (PTCAs) durchgeführt. Der Median lag bei 872,5 Eingriffen pro 100.000 Einwohner (Tab. 1.11).

Am häufigsten (bezogen auf 100.000 Einwohner) wurde die PTCA in Berlin durchgeführt, am seltensten in Niedersachsen. Der Unterschied zwischen der höchsten (1141,0 pro 100.000 Einwohner) und der niedrigsten (609,8 pro 100.000 Einwohner) Eingriffsrate betrug 531,2 pro 100.000 Einwohner, was bedeutet, dass in der Region mit dem höchsten Aufkommen fast doppelt so viele PTCAs durchge-

1.12 Varizenoperation

Tab. 1.11 Perkutane transluminale Gefäßinterventionen (PTCA) an Herz und Koronargefäßen in den deutschen Bundesländern im Jahr 2018. [1, 2, 9, 10]

Region	Anzahl PTCA (n) im Jahr 2018	Anzahl pro 100.000 Einwohner im Jahr 2018	Durchschnittsalter der Bevölkerung (Jahre) im Jahr 2022	Anteil der Rentner (%) im Jahr 2020
Berlin	41.587	1141,0	42,4	20,7
Saarland	10.012	1010,8	46,3	26,2
Bremen	6814	997,7	43,4	22,1
Schleswig-Holstein	27.061	934,2	45,6	24,6
Sachsen-Anhalt	19.915	901,8	47,9	32,1
Mecklenburg-Vorpommern	14.472	899,0	47,4	31,2
Thüringen	19.002	886,7	47,5	31,3
Nordrhein-Westfalen	158.872	885,9	44,2	22,8
Bayern	112.341	859,1	44	21,5
Hamburg	15.202	825,7	42	18,5
Baden-Württemberg	87.682	792,1	43,8	21,2
Brandenburg	18.597	740,4	47,1	29,4
Rheinland-Pfalz	30.064	736,0	44,9	23,4
Hessen	46.086	735,5	44	22,4
Sachsen	26.182	642,0	46,8	30,6
Niedersachsen	48.675	609,8	44,7	23,8
Insgesamt in Deutschland	**682.564**	**Median 872,5**	**44,6**	**22**

führt wurden wie in der Region mit dem geringsten Aufkommen. Für Berlin ist allerdings mit dem Herzzentrum die überregionale Versorgung der Bevölkerung zu beachten.

Auffällig war auch der Unterschied zwischen dem Saarland (zweithöchste Eingriffsrate) und Sachsen (zweiniedrigste Eingriffsrate): Im Saarland wurden 368,8 mehr PTCAs pro 100.000 Einwohner vorgenommen als in Sachsen (Faktor 1,6), bei vergleichbarem Durchschnittsalter der Bevölkerung.

Es wurde keine Korrelation zwischen der Häufigkeit der PTCA-Eingriffe und dem Durchschnittsalter der Bevölkerung oder dem prozentualen Rentneranteil festgestellt. Einzelheiten finden sich in Tab. 1.11. (Anmerkung: die in dieser Analyse verwendeten Daten zur Altersstruktur der Bevölkerung und zum Rentneranteil stammen aus den Jahren 2022 bzw. 2020. Daten für das Jahr 2018 standen nicht zur Verfügung. Die Anzahl der Eingriffe pro 100.000 sind von uns errechnete Daten anhand der Bevölkerungsanzahl im Jahr 2018).

1.12 Varizenoperation

Insgesamt wurden in Deutschland im Jahr 2019 126.808 Crossektomien und Stripping der Varizen stationär durchgeführt. Der Median lag bei 75,1 Eingriffen pro 100.000 Einwohner.

Tab. 1.12 Rate an Varizenstripping im Jahr 2019 in den deutschen Bundesländern. [4, 5]

Region	Absolute Anzahl Varizenstripping (n)	Anzahl pro 100.000 Einwohner
Hessen	8246	374,4
Hamburg	24.055	326,2
Thüringen	3041	245,6
Bayern	1916	205,6
Nordrhein-Westfalen	167	183,3
Mecklenburg-Vorpommern	6024	111,9
Baden-Württemberg	7035	96,6
Rheinland-Pfalz	648	82,9
Schleswig-Holstein	7724	76,0
Niedersachsen	44.074	74,3
Sachsen-Anhalt	15.329	63,5
Berlin	2029	59,6
Saarland	2426	58,7
Bremen	999	45,5
Sachsen	1843	40,3
Brandenburg	1252	24,5
Insgesamt in Deutschland	**126.808**	**Median 75,1**

Am häufigsten (bezogen auf 100.000 Einwohner) wurden Varizenoperationen in Hessen, am seltensten in Brandenburg vorgenommen. Der Unterschied zwischen der höchsten (374,4 pro 100.000 Einwohner) und der niedrigsten (24,5 pro 100.000 Einwohner) Eingriffsrate betrug 349,9 pro 100.000 Einwohner (d. h., in der Region mit dem höchsten Aufkommen wurden 15,3-mal mehr Varizenoperationen durchgeführt als in der Region mit dem geringsten Aufkommen).

Der Unterschied zwischen Hamburg (zweithöchste Eingriffsrate) und Sachsen (zweitniedrigste Eingriffsrate) war ebenfalls auffallend: In Hamburg wurden 285,9 mehr Varizenoperationen pro 100.000 Einwohner ausgeführt als in Sachsen mit 40,3 Eingriffen pro 100.000 Einwohner (Faktor 8,1). Einzelheiten finden sich in Tab. 1.12.

Es sei betont: es handelt sich hier um die stationären Behandlungen. Dies sagt nur bedingt etwas über die Häufigkeit an Varizenoperationen insgesamt aus, da diese mehrheitlich ambulant durchgeführt werden (sollten).

1.13 Sectio caesarea

Im Jahr 2019 betrug der Anteil der Kaiserschnittentbindungen in Deutschland 29,6 % aller Geburten. Der höchste Anteil wurde im Saarland mit 34,8 % verzeichnet, der niedrigste in Sachsen mit 24,5 %. Das bedeutet, dass im Saarland relativ fast 1,4-mal so viele Kaiserschnittentbindungen durchgeführt wurden wie in Sachsen.

Tab. 1.13 Anteil der Kaiserschnittentbindungen bezogen auf alle Geburten im Jahr 2019 und Dichte der Gynäkologen im Jahr 2022 in den deutschen Bundesländern. [3, 4, 11]

Region	Kaiserschnittentbindungen im Jahr 2019 (% aller Geburten)	Gynäkologen je 100.000 EW im Jahr 2022 nach KV-Region[a]
Saarland	34,8	14,6
Hamburg	31,5	22,0
Schleswig-Holstein	31,3	15,1
Sachsen-Anhalt	31,1	13,8
Bayern	30,9	14,7
Hessen	30,6	15,2
Niedersachsen	30,4	14,9
Nordrhein-Westfalen	30,3	17,4 (Nordrhein) 15,1 (Westfalen-Lippe)
Rheinland-Pfalz	30,3	14,5
Mecklenburg-Vorpommern	29,8	14,4
Bremen	29,7	20,9
Baden-Württemberg	28,8	15,1
Thüringen	28,0	13,7
Brandenburg	25,6	12,9
Berlin	24,7	19,2
Sachsen	24,5	16,0
Insgesamt in Deutschland	**29,6**	**Median 15,1**

[a]Daten zur Dichte der Gynäkologen im Jahr 2019 waren nicht verfügbar

Die Dichte der Gynäkologen pro 100.000 Einwohner variierte im Jahr 2022 erheblich zwischen den Bundesländern. Hamburg verzeichnete mit 22,0 Gynäkologen pro 100.000 Einwohner die höchste Dichte, während Brandenburg mit 12,9 Gynäkologen pro 100.000 Einwohner den niedrigsten Wert aufwies. Eine Korrelation zwischen der Gynäkologendichte und dem Anteil der Kaiserschnittentbindungen ist nicht nachweisbar. So lag beispielsweise in Schleswig-Holstein der Anteil der Kaiserschnittentbindungen bei 31,3 % aller Geburten und die Gynäkologendichte bei 15,1 Gynäkologen pro 100.000 Einwohner. Im benachbarten Hamburg war die Rate an Kaiserschnittentbindungen nahezu identisch (31,5 % aller Geburten), die Gynäkologendichte war aber mit 22,0 pro 100.000 Einwohner deutlich höher (Tab. 1.13).

1.14 Radikale Prostatakrebsoperation

Abhängig vom Stadium der Erkrankung und dem Wunsch des Patienten können Männern mit nichtmetastasiertem Prostatakarzinom die aktive Überwachung, die radikale Prostatektomie oder die Strahlentherapie angeboten werden. In Deutschland wurden im Jahr 2018 insgesamt 25.064 radikale Prostatovesikulektomien durchgeführt.

Tab. 1.14 Rate an radikalen Prostatektomien (Prostatovesikulektomien) im Jahr 2018 in den deutschen Bundesländern. [1, 12]

Region	Anzahl Prostatovesikulektomien (n)	Anzahl pro 100.000 Männer
Saarland	539	110,9
Berlin	1418	79,1
Hamburg	696	77,2
Sachsen	1531	76,2
Nordrhein-Westfalen	6199	70,5
Bayern	4513	69,6
Thüringen	705	66,5
Baden-Württemberg	3598	65,4
Mecklenburg-Vorpommern	431	54,3
Sachsen-Anhalt	533	49,0
Niedersachsen	1815	46,0
Hessen	1383	44,7
Rheinland-Pfalz	884	43,8
Bremen	135	39,9
Brandenburg	339	27,4
Schleswig-Holstein	345	24,3
Insgesamt in Deutschland	**25.064**	**Median 59,9**

Die Raten der durchgeführten Prostatovesikulektomien pro 100.000 Männer zeigten signifikante regionale Unterschiede. Am höchsten war die Rate im Saarland mit 110,9 Eingriffen pro 100.000 Männer, gefolgt von Berlin mit 79,1 Eingriffen pro 100.000 Männer. Diese beiden Regionen verzeichneten die höchsten Eingriffsraten in ganz Deutschland. Die beiden Regionen mit den geringsten Eingriffsraten waren Schleswig-Holstein, wo nur 24,3 Eingriffe pro 100.000 Männer durchgeführt wurden, und Brandenburg mit 27,4 Eingriffen pro 100.000 Männer.

Der Unterschied zwischen der höchsten Rate im Saarland (110,9) und der niedrigsten in Schleswig-Holstein (24,3) betrug 86,6 Eingriffe pro 100.000 Männer, was bedeutet, dass im Saarland etwa 4,6-mal mehr radikale Prostatektomien durchgeführt wurden wie in Schleswig-Holstein.

Ein weiterer auffälliger Unterschied ergab sich zwischen Berlin und Brandenburg: In Berlin wurden 51,7 Eingriffe pro 100.000 Männer mehr durchgeführt als in Brandenburg, was einem Faktor von etwa 2,9 entspricht. Hamburg, mit einer Rate von 77,2 Eingriffen pro 100.000 Männer, führte etwa 3,2-mal mehr radikale Eingriffe bei Prostatakarzinom durch wie Schleswig-Holstein (Tab. 1.14).

1.15 Diskussion der regionalen Unterschiede in der Operationshäufigkeit

Die drei Bundesländer, in denen die meisten der in den Tab. 1.1, 1.2, 1.3, 1.4, 1.5, 1.6, 1.7, 1.8, 1.9, 1.10, 1.11, 1.12, 1.13 und 1.14 aufgeführten Eingriffe im Jahr 2018 oder 2019 durchgeführt wurden, waren Hamburg, Bremen und Saarland. Be-

1.15 Diskussion der regionalen Unterschiede in der Operationshäufigkeit

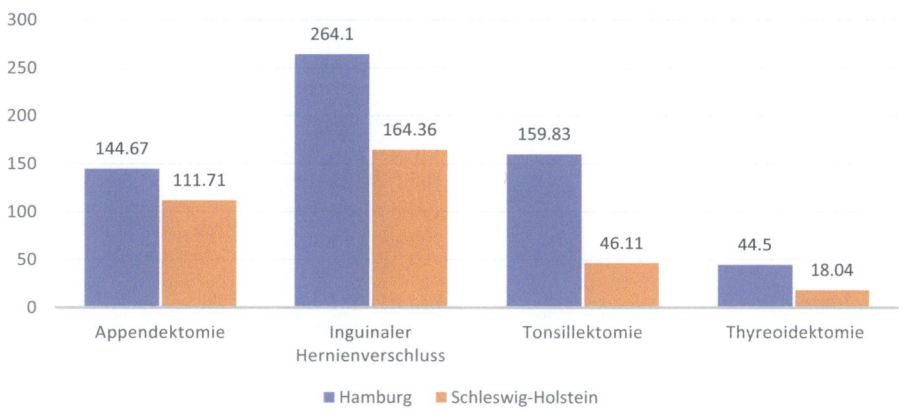

Abb. 1.2 Anzahl verschiedener Eingriffe pro 100.000 Einwohner in Hamburg und dem Nachbarbundesland Schleswig-Holstein. [1, 2]

zogen auf die Bevölkerungszahl wurde umgekehrt am wenigsten in Schleswig-Holstein, Brandenburg und Sachsen operiert. Eine Begründung der hohen Eingriffszahlen in Hamburg, Bremen oder Saarland muss offenbleiben. Vor allem stellt sich die Frage, warum die Operationszahlen in den Nachbarregionen der drei genannten Bundesländer oft deutlich niedriger waren. Ein Beispiel gibt Abb. 1.2 mit einem Vergleich der Häufigkeitsangaben für Appendektomie, inguinaler Hernienverschluss, Tonsillektomie und Thyreoidektomie in Hamburg und Schleswig-Holstein. Für alle vier genannten – so verschiedenen Eingriffe – findet sich die gleiche Tendenz mit deutlich höheren Eingriffszahlen in Hamburg, was demnach nicht allein mit einer unterschiedlichen Krankheitshäufigkeit, sondern eher mit einer unterschiedlich häufig gestellten Operationsindikation bei den genannten Diagnosen erklärt werden kann.

Selbst unter den Landkreisen und Städten innerhalb eines Bundeslandes kommt es zu signifikanten Abweichungen der Operationszahlen. Im Landkreis Neustadt an der Aisch-Bad Windsheim (Bayern) beispielsweise wurden im Jahr 2011 mehr als doppelt so viele Implantationen von Knieendoprothesen durchgeführt (214 Operationen pro 100.000 Einwohner) im Vergleich zu Landshut (91 Operationen pro 100.000 Einwohner) (Lüring et al. 2013). Gesicherte Erkenntnisse, warum die Eingriffszahlen sich regional so gravierend unterscheiden, fehlen. Es kann aber nach den internationalen Vergleichsdaten (OECD) (s. Kap. 2) vermutet werden, dass ein Zusammenhang zwischen Arztdichte, Krankenhausbettenzahlen, demografischen Unterschieden in der Bevölkerungsstruktur (einschließlich Alter, Beruf, Bildungsstand und beruflichem Einkommen) und Risikofaktoren (wie Übergewicht und Raucheranteil) einerseits und Behandlungszahlen andererseits besteht. Laut Statistischem Bundesamt reichte die Arztdichte im Jahr 2018 in den einzelnen Bundesländern von 1 Arzt auf 137 Einwohner in Hamburg bis zu 1 berufstätiger Arzt auf 249 Einwohner in Brandenburg (Tab. 1.15). Die Dichte der Krankenhausbetten (Abb. 1.3) variierte im Jahr 2018 von 503,1 Betten je 100.000 Einwohner (Baden-Württemberg) bis 743,6 Betten je 100.000 Einwohner (Thüringen) (Statis-

Tab. 1.15 Anzahl Einwohner pro berufstätigen Arzt in den deutschen Bundesländern im Jahr 2018. [13]

Bundesland	Einwohner je berufstätigen Arzt
Hamburg	137 EW je 1 Arzt
Berlin	156 EW je 1 Arzt
Bremen	165 EW je 1 Arzt
Saarland	196 EW je 1 Arzt
Bayern	202 EW je 1 Arzt
Mecklenburg-Vorpommern	212 EW je 1 Arzt
Nordrhein-Westfalen	213 EW je 1 Arzt
Schleswig-Holstein	215 EW je 1 Arzt
Hessen	215 EW je 1 Arzt
Baden-Württemberg	220 EW je 1 Arzt
Rheinland-Pfalz	221 EW je 1 Arzt
Thüringen	226 EW je 1 Arzt
Sachsen	228 EW je 1 Arzt
Sachsen-Anhalt	236 EW je 1 Arzt
Niedersachsen	242 EW je 1 Arzt
Brandenburg	249 EW je 1 Arzt

tisches Bundesamt 2018a; Statistisches Bundesamt 2018b; Bundesärztekammer 2018). Mit der Annahme, dass eine höhere Versorgungskapazität (Arztdichte, Krankenhausbetten) eine höhere Anzahl von Eingriffen ermöglicht, lässt sich aber die hohe Rate speziell an Implantationen von Knieendoprothesen in Schleswig-Holstein im Jahr 2019 nicht erklären (Tab. 1.6). Allerdings konnte in der vorliegenden Arbeit nur die allgemeine Arztdichte angegeben werden, eine spezifische Verteilung der Fachärzte fehlt.

Die deutlich höhere Arztdichte (137 Einwohner je berufstätigen Arzt in Hamburg im Vergleich zu 215 Einwohner je ein Arzt in Schleswig-Holstein) sowie die höhere Anzahl an Krankenhausbetten (693,6 Krankenhausbetten je 100.000 Einwohner in Hamburg gegenüber 543,4 Krankenhausbetten je 100.000 Einwohner in Schleswig-Holstein) spiegeln sich aber doch in einer unterschiedlichen Rate an Appendektomien, Verschlüssen von inguinalen Hernien, Thyreoidektomien und insbesondere Tonsillektomien bei den beiden benachbarten Bundesländern wieder (Abb. 1.2 und 1.3).

Interessanterweise lässt sich keine direkte Korrelation zwischen der Anzahl der Krankenhausbetten und der Arztdichte oder der Lebenserwartung feststellen (Tab. 1.16). Beispielsweise wurde in Bremen die kürzeste Lebenserwartung beobachtet, obwohl dieses Bundesland nach Thüringen die meisten Krankenhausbetten und mit die höchste Arztdichte im Vergleich zu anderen Bundesländern aufwies (Tab. 1.16). Umgekehrt war in Baden-Württemberg trotz einer geringeren Anzahl an Krankenhausbetten die Lebenserwartung am höchsten, bei allerdings auch hoher Arztdichte.

Eine weitere Frage ist, ob das Bruttoinlandsprodukt mit der Ausweitung an Versorgungsleistungen korreliert. In Tab. 1.17 ist das Bruttoinlandsprodukt (BIP) in

1.15 Diskussion der regionalen Unterschiede in der Operationshäufigkeit

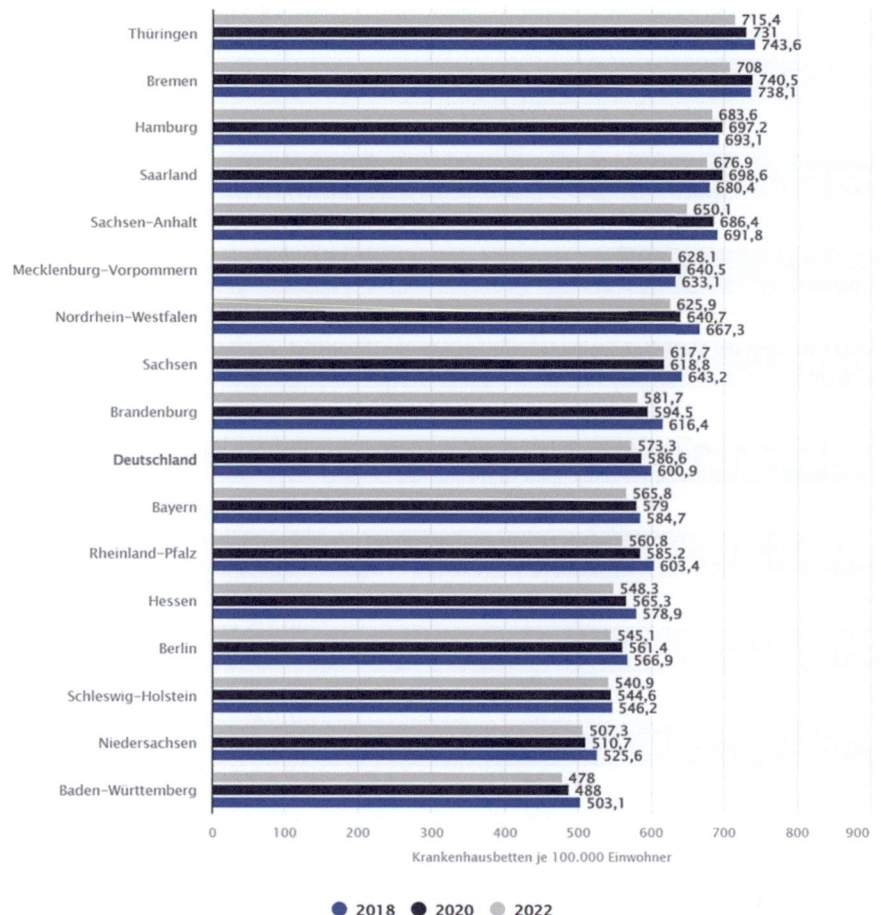

Abb. 1.3 Anzahl der Krankenhausbetten je 100.000 Einwohner in Deutschland nach Bundesländern in den Jahren 2018, 2020 und 2022. [14]

den einzelnen Bundesländern je Einwohner im Jahr 2019 aufgeführt. Parallel dazu ist die Anzahl der Knieendoprothesenimplantationen pro 100.000 Einwohner wiedergegeben. Hamburg und Bremen waren im Jahr 2019 die Bundesländer, in denen das Bruttoinlandsprodukt (in €) bezogen auf die Einwohneranzahl am größten war. Parallel dazu wurden dort im Jahr 2018 und im Jahr 2019 auch am häufigsten Knieendoprothesen eingesetzt. Allerdings ist der Vergleich insofern nur unter Vorbehalt möglich, als es sich um zwei Stadtstaaten handelt. Passender ist es, bei einem Vergleich zwischen BIP und Operationszahlen nur Flächenstaaten zu berücksichtigen. Hier führte Schleswig-Holstein (n = 303,31) in der Anzahl an Knieendoprothesen pro 100.000 Einwohner vor Bayern (n = 282,23) und Thüringen (282,47), wobei es sich bei Schleswig-Holstein und Thüringen um zwei Bundesländer mit relativ geringerem Bruttoinlandsprodukt im Vergleich zu Baden-Württemberg oder

Tab. 1.16 Anzahl an Krankenhausbetten, Arztdichte und Lebenserwartung in sechs ausgewählten Bundesländern[a] im Jahr 2018. [14–16]

Bundesland	Anzahl der Krankenhausbetten (n) pro 100.000 EW	Arztdichte	Lebenserwartung Männer	Lebenserwartung Frauen
Thüringen	743,6	226 EW/Arzt	77,66	83,27
Bremen	738,1	165 EW/Arzt	77,33	82,57
Hamburg	693,1	137 EW/Arzt	78,79	83,46
Schleswig-Holstein	546,2	215 EW/Arzt	78,39	83,06
Niedersachsen	525,6	242 EW/Arzt	78,25	83,08
Baden-Württemberg	503,1	220 EW/Arzt	79,88	84,25

[a]Dargestellt sind die drei Bundesländer mit jeweils der höchsten und geringsten Krankenhausbettenzahl

Tab. 1.17 Anzahl an Knieendoprothesenimplantationen pro 100.000 Einwohner und Bruttoinlandsprodukt in deutschen Bundesländern im Jahr 2019. [4, 5, 17].

Region	Anzahl von Implantationen einer Knieendoprothese (n pro 100.000 Einwohner)	Bruttoinlandsprodukt je Einwohner/ Gesamt-BIP des Bundeslandes
Hamburg	226,91	66.879 €/123.526 Mio. €
Bremen	237,74	49.215 €/33.515 Mio. €
Bayern	282,23	48.323 €/634.239 Mio. €
Baden-Württemberg	219,27	47.290 €/524.919 Mio. €
Hessen	214,66	46.923 €/295.052 Mio. €
Berlin	158,84	41.967 €/153.977 Mio. €
Nordrhein-Westfalen	208,94	39.678 €/712.101 Mio. €
Niedersachsen	210,68	38.423 €/307.153 Mio. €
Saarland	256,64	36.684 €/36.207 Mio. €
Rheinland-Pfalz	217,71	35.457 €/145.161 Mio. €
Schleswig-Holstein	303,31	33.712 €/97.900 Mio. €
Sachsen	271,46	31.453 €/128.077 Mio. €
Thüringen	282,47	29.883 €/63.740 Mio. €
Brandenburg	232,75	29.541 €/74.502 Mio. €
Mecklenburg-Vorpommern	231,03	28.940 €/46.536 Mio. €
Sachsen-Anhalt	272,57	28.880 €/63.392 Mio. €

Bayern handelt. Eine Beziehung zwischen BIP und Operationszahlen lässt sich aus diesen Daten nicht ableiten.

In diesem Zusammenhang sei auf den Krankenhaus-Report 2018 „Bedarf und Bedarfsgerechtigkeit" der AOK verwiesen (Klauber et al. 2018). Dort wurde vermutet, dass weniger wohlhabende Landkreise mehr orthopädische Eingriffe aufweisen als solche mit einer hohen Rate an Beschäftigten mit akademischem Abschluss. Dies lässt daran denken, dass die höhere körperliche Belastung in nichtakademischen Berufen ein höheres Risiko für orthopädische Erkrankungen und in ihrer Folge eine höhere Rate an orthopädischen Eingriffen beinhaltet.

Operationshäufigkeit in 23 OECD-Ländern

Inhaltsverzeichnis

2.1 Appendektomie.. 22
2.2 Cholezystektomie... 23
2.3 Inguinaler Hernienverschluss... 24
2.4 Knieprothesenimplantation.. 25
2.5 Hüftgelenksersatz... 26
2.6 Perkutane Koronarintervention.. 27
2.7 Sectio caesarea... 28
2.8 Prostatektomie.. 29

Die folgenden Ausführungen basieren auf Angaben der OECD-Statistik für das Jahr 2018, bzw. aus den Jahren zuvor, wenn keine Daten aus dem Jahr 2018 vorhanden waren [18]. Die Anzahl der Länder kann variieren, da nicht für alle Länder jeweils die Eingriffszahlen vorlagen.

Die Zahlen in eckigen Klammern verweisen auf die Quellenangaben zu den statistischen Erhebungen, die am Buchende zusammengefasst und online frei zugänglich sind.

© Der/die Autor(en), exklusiv lizenziert an Springer-Verlag GmbH, DE, ein Teil von Springer Nature 2024
V. Pède et al., *Unsichere Operationsindikationen und Überversorgung*,
https://doi.org/10.1007/978-3-662-70490-5_2

2.1 Appendektomie

Im Median wurde in den OECD-Ländern eine Appendektomierate von 105,4 (Spanien) beobachtet. Die höchste Appendektomierate (populationsbezogen auf 100.000 Einwohner) wurde im Jahr 2018 in Litauen mit 170,2, die niedrigste in Italien mit 67,9 gefunden. Deutschland lag in der Eingriffshäufigkeit mit 149,5/100.000 Einwohner an dritter Stelle. Weitere Details sind in Tab. 2.1 aufgeführt.

Tab. 2.1 Häufigkeit der Appendektomien in verschiedenen OECD-Ländern im Jahr 2018. [18]

Land	Stationäre Eingriffe populationsbezogen (in 100.000)
Litauen	170,2
Schweiz	164,4
Deutschland	**149,5**
Österreich	147,8
Belgien	141,4
Irland	141,1
Norwegen	134,5
Finnland	133,6
Tschechien	124,7
Schweden	127,0
Slowenien	120,3
Frankreich	107,5
Spanien	105,4
Kanada	112,3
Dänemark	123,4
Slowakei	100,9
Niederlande im Jahr 2017	95,5
USA im Jahr 2010 („inpatient cases")	94,3
Portugal im Jahr 2015	92,0
Großbritannien	87,3
Griechenland im Jahr 2014	82,5
Polen	72,7
Italien	67,9

„inpatient cases" = stationäre Fälle

2.2 Cholezystektomie

Die höchste Cholezystektomierate (auf 100.000 Einwohner) wurde im Jahr 2018 in Litauen mit 294,5 gefunden, die niedrigste in Italien mit 98. Die mediane Cholezystektomierate lag bei 191,4 (Schweiz). Deutschland wies mit einer Rate von 239,8 die dritthäufigste Cholezystektomierate auf (Tab. 2.2).

Tab. 2.2 Häufigkeit der Cholezystektomien in verschiedenen OECD-Ländern im Jahr 2018. [18]

Land	Stationäre Eingriffe populationsbezogen (in 100.000)
Litauen	294,5
Griechenland	291,3
Deutschland	**239,8**
Slowenien	234,7
Belgien	232,5
Slowakei	223,4
Österreich	213
Kanada	206,3
Tschechien	194,7
Polen	194,1
Frankreich	193,3
Schweiz	191,4
Spanien	165,7
Finnland	159,6
Niederlande im Jahr 2017	158,9
Portugal im Jahr 2015	156,6
Dänemark	141,3
Schweden	137,7
Großbritannien	135,6
USA im Jahr 2010	135,2
Norwegen	122,7
Irland	101,1
Italien	98

2.3 Inguinaler Hernienverschluss

Die höchste Rate an inguinalen Hernienverschlüssen (auf 100.000 Einwohner) wurde in Österreich mit 277,4 gefunden, die niedrigste in Irland 78,1. Im Median wurde in den OECD-Ländern eine Rate an inguinalen Hernienverschlüssen von 181,1 (Dänemark) berichtet. Deutschland lag mit einer Häufigkeitsrate von 209,1 an neunter Stelle. Weitere Details sind Tab. 2.3 zu entnehmen.

Tab. 2.3 Häufigkeit des inguinalen Hernienverschlusses in verschiedenen OECD-Ländern im Jahr 2018. [18]

Land	Stationäre Eingriffe populationsbezogen (in 100.000)
Österreich	277,4
Schweiz	263,3
Griechenland im Jahr 2014	235,4
Frankreich	234,7
Slowakei	228,1
Belgien	219,5
Slowenien	210,5
Italien	209,8
Deutschland	**209,1**
Spanien	199,2
USA im Jahr 2006	196,6
Litauen	189,2
Dänemark	181,1
Finnland	177,5
Kanada	175,3
Niederlande im Jahr 2017	169,2
Tschechien	167,3
Polen	157,7
Portugal im Jahr 2015	155,9
Schweden	150,7
Großbritannien	124,4
Norwegen	117,6
Irland	78,1

2.4 Knieprothesenimplantation

Die höchste Rate an Implantationen einer Kniegelenksendoprothese (auf 100.000 Einwohner) wurde in der Schweiz mit 250,1 gefunden, die niedrigste in Irland (47,5). Im Median betrug die Rate an Knie-TEPs 138,75 (Tschechien/Slowenien). Deutschland lag mit einer Häufigkeit von 222,8 an vierter Stelle. Weitere Details sind in Tab. 2.4 aufgeführt.

Tab. 2.4 Häufigkeit der Implantation einer Kniegelenksendoprothese in verschiedenen OECD-Ländern im Jahr 2018. [18]

Land	Stationäre Eingriffe populationsbezogen (in 100.000)
Schweiz	250,1
Österreich	229,9
USA im Jahr 2010	225,8
Deutschland	**222,8**
Belgien	207
Kanada	200,9
Frankreich	179,1
Niederlande im Jahr 2017	171,4
Dänemark	170,1
Großbritannien	147,7
Tschechien	144,7
Slowenien	132,8
Spanien	132,2
Norwegen	130,3
Italien	128,8
Schweden	127,5
Litauen	124,4
Slowakei	105,9
Finnland	99,5
Polen	66,8
Portugal im Jahr 2015	62,2
Irland	47,5

2.5 Hüftgelenksersatz

Die höchste Rate an Implantationen einer Hüftgelenksendoprothese (auf 100.000 Einwohner) wurde in Deutschland mit 310,5 gefunden, die niedrigste in Spanien (121,5). Im Median betrug die Rate an Hüft-TEPs in den OECD-Ländern 211,45 (Niederlande/Litauen). Weitere Details sind in Tab. 2.5 aufgeführt.

Tab. 2.5 Häufigkeit der Implantation einer Hüftgelenksendoprothese in verschiedenen OECD-Ländern im Jahr 2018. [18]

Land	Stationäre Eingriffe populationsbezogen (in 100.000)
Deutschland	**310,5**
Schweiz	307,2
Österreich	298,5
Belgien	274,3
Finnland	273,4
Norwegen	259,2
Frankreich	245,1
Schweden	240,8
Dänemark	232,4
Niederlande im Jahr 2017	222,3
Litauen	200,6
Tschechien	199,2
Slowenien	187,7
Großbritannien	186,4
Italien	184,9
Kanada	165,4
Polen	161,8
Slowakei	129
Irland	123,1
Spanien	121,5

2.6 Perkutane Koronarintervention

Die höchste Rate an perkutanen Koronarinterventionen (auf 100.000 Einwohner) wurde in Deutschland mit 409 gefunden, die niedrigste in Spanien (119,7). Im Median betrug die Rate an perkutanen Koronarinterventionen in den OECD-Ländern 216,2 (Norwegen). Weitere Details sind in Tab. 2.6 aufgeführt.

Zusätzlich sind in Tab. 2.6 die Sterbefälle bei akutem Herzinfarkt für denselben Zeitraum (2018) genannt. Deutschland führt die Liste der stationären PTCAs an, mit 55,7 pro 100.000 Einwohner ist die Rate an Sterbefällen bei akutem Herzinfarkt ebenfalls überdurchschnittlich hoch. Österreich und die Schweiz weisen ähnliche PTCA-Raten (302,7 bzw. 301,5 pro 100.000 Einwohner) auf, aber die Schweiz hat mit 25,8 eine deutlich niedrigere Sterberate aufgrund eines akuten Herzinfarkts als Österreich mit 51,2. Die Daten deuten darauf hin, dass es keine direkte Assoziation zwischen der Häufigkeit von PTCA-Eingriffen und der Sterberate durch akuten Herzinfarkt gibt.

Tab. 2.6 Häufigkeit der perkutanen Koronarintervention und Sterbefälle durch akuten Herzinfarkt in verschiedenen OECD-Länder im Jahr 2018. [18, 19]

Land	Stationäre PTCAs populationsbezogen (n pro 100.000)	Sterbefälle durch akuten Herzinfarkt (n pro 100.000 Einwohner)
Deutschland	**409**	**55,7**
Litauen	311,9	40,2
Österreich	302,7	51,2
Schweiz	301,5	25,8
Frankreich	277	19,6
Polen	260,7	31,7
Belgien	259,6	34
Niederlande im Jahr 2017	225,6	28,9
Italien	220,4	34,3
Slowenien	220,3	55,8
Norwegen	216,2	44,1 (im Jahr 2016)
Tschechien	214,9	37,5
Schweden	195,5	46
Finnland	186,6	47,8
Griechenland im Jahr 2009	179,8	68,9
Dänemark	174,8	22
Kanada	160,5	35,5
Irland	130,5	36,2
Großbritannien	125	36,9
Portugal im Jahr 2015	121,7	41,9
Spanien	119,7	31

2.7 Sectio caesarea

Die höchste Rate an Kaiserschnittentbindungen (bezogen auf 1000 Lebendgeburten) wurde in den OECD-Ländern in Polen mit 389,2 und Großbritannien mit 385,5 Kaiserschnitten beobachtet. Diese Werte stehen in deutlichem Kontrast zu den Niederlanden und Norwegen, die mit 154,5 bzw. 158,3 die niedrigsten Raten verzeichneten. In der Rangfolge der Kaiserschnittentbindungen pro 1000 Lebendgeburten befindet sich Deutschland unter den betrachteten 20 Ländern im oberen Drittel und nimmt die sechste Stelle ein. Weitere Details sind in Tab. 2.7 aufgeführt, die Auswahl der Länder orientierte sich an den meldenden Ländern. Für die USA z. B. lagen keine Daten vor.

Tab. 2.7 Kaiserschnittentbindungen in verschiedenen OECD-Ländern im Jahr 2018, bezogen auf 1000 Lebendgeburten. [18]

Land	Anzahl der Kaiserschnittentbindungen (n pro 1000 Lebendgeburten)
Polen	389,2
Großbritannien	385,5
Italien	332,4
Irland	331,4
Schweiz	316,2
Deutschland	**296,2**
Slowakei	292,9
Österreich	290,1
Kanada	283,9
Spanien	245,4
Tschechien	231,0
Slowenien	221,7
Belgien	211,3
Dänemark	201,4
Frankreich	195,0
Litauen	190,5
Schweden	171,1
Finnland	166,0
Norwegen	158,3
Niederlande	154,5

2.8 Prostatektomie

Die höchste Rate an Prostatektomien wegen Prostatakarzinom pro 100.000 Männer unter den aufgeführten Ländern wurde in der Schweiz mit 225,7 festgestellt, die niedrigste in Irland mit 37,9. Im Median betrug die Rate der Prostatektomien in diesen Ländern 100,8 (Litauen). Deutschland lag mit 174,8 an dritter Stelle.

In der Tab. 2.8 sind zusätzlich die Neuerkrankungen wegen Prostatakarzinom und die Sterberaten in den einzelnen OECD-Ländern für das Jahr 2018 angegeben. OECD-Daten zur Strahlentherapie und aktiven Überwachung wurden nicht veröffentlicht, sodass offenbleiben muss, inwieweit hohe Raten an Prostatektomien (wie z. B. in Deutschland) mit vergleichsweise geringeren Strahlentherapieraten oder gar einem geringeren Prozentsatz an konservativer Behandlung (aktive Überwachung) einhergehen. Auffallend ist besonders der Unterschied zwischen Deutschland und Großbritannien, mit einer höheren Rate an Neuerkrankungen wegen Prostatakarzinom in Großbritannien, einer wesentlich geringeren Prostatektomierate und trotzdem einer beinahe identischen Sterblichkeit infolge Prostatakarzinom im Vergleich zu Deutschland.

Tab. 2.8 Rate an Prostatektomien (stationäre Fälle), neue Fälle und Sterberate an Prostatakarzinom in den OECD-Ländern im Jahr 2018. [18, 20, 21]

Land	Prostatektomie (n pro 100.000 Männer), stationäre Fälle	Neue Fälle von Prostatakarzinom (n)	Sterberate an Prostatakarzinom (n pro 100.000 Männer)
Schweiz	225,7	160,1	33,1
Frankreich	212,4	202,5	27,5
Deutschland	**174,8**	**154,5**	**36,6**
Österreich	163,1	130,4	27,9
Belgien	152,8	132,6	28,5
Italien	144,3	151,6	26,3
Norwegen	111,8	202,6	36,3 im Jahr 2016
Slowenien	108,9	170,1	42,9
Litauen	100,8	117,2	40,4
Spanien	89,6	139,4	25,5
Slowakei	83,5	89,2	26,8
Tschechien	81,2 (e)	176,5	26,2
Dänemark	79,2	163	43,7
Schweden	76,3	211,6	45,2
Großbritannien	70,8	171,6	36,2
Polen	65	83,7	30,3
Irland	37,9	208,8	23,9

(e) „estimated value", geschätzter Wert

Diskussion der regionalen Unterschiede in der Operationshäufigkeit der OECD-Länder

Inhaltsverzeichnis

3.1 Eingriffshäufigkeit und Krankenhausbettenzahl.. 31
3.2 Eingriffshäufigkeit und Arztdichte.. 34
3.3 Eingriffshäufigkeit und Übergewicht.. 35

3.1 Eingriffshäufigkeit und Krankenhausbettenzahl

Die Angaben zur populationsbezogenen Häufigkeit ausgewählter Eingriffe ganz unterschiedlicher Fächer in verschiedenen OECD-Ländern (Tab. 2.1, 2.2, 2.3, 2.4, 2.5, 2.6, 2.7 und 2.8) zeigen im Ländervergleich, dass die betreffenden Eingriffe für das Jahr 2018 und 2019 besonders häufig in der Schweiz, Deutschland und Österreich durchgeführt wurden, wobei bei der Implantation einer Hüftgelenksendoprothese oder bei perkutanen Koronarinterventionen Deutschland sogar Spitzenreiter war. Aber selbst die Appendektomie wurde in Deutschland fast doppelt so häufig wie in Großbritannien vorgenommen, was nur mit einer unterschiedlichen Einstellung zur konservativen/operativen Behandlung der Appendizitis erklärt werden kann (s. Kap. 5).

Die Verfügbarkeit von Krankenhausbetten ist ein wesentlicher Faktor, der die Operationsfrequenz beeinflusst. In Regionen mit einer hohen Anzahl an Krankenhausbetten pro 100.000 Einwohner gibt es tendenziell auch eine höhere Rate an operativen Eingriffen. Dies kann auf verschiedene Gründe zurückgeführt werden, einschließlich der Tatsache, dass hohe Bettenzahlen und Kapazitäten auch einen hö-

---

Die Zahlen in eckigen Klammern verweisen auf die Quellenangaben zu den statistischen Erhebungen, die am Buchende zusammengefasst und online frei zugänglich sind.

© Der/die Autor(en), exklusiv lizenziert an Springer-Verlag GmbH, DE, ein Teil von Springer Nature 2024
V. Pède et al., *Unsichere Operationsindikationen und Überversorgung*, https://doi.org/10.1007/978-3-662-70490-5_3

Tab. 3.1 Platzierung der Länder nach stationärer Eingriffshäufigkeit[a] (im Jahr 2018) und nach Krankenhausbettenanzahl (im Jahr 2019)

Land	Platz nach Eingriffshäufigkeit	Platz nach Krankenhausbetten (pro 100.000 EW)
DE	**1**	**791,48 – Platz 1**
AUT	1	718,9 – Platz 2
CHE	2	459,34 – Platz 6
BEL	3	556,72 – Platz 5
FRA	4	583,79 – Platz 4
NDL	5	307,84 – Platz 9
DNK	5	259,29 – Platz 11
NOR	6	346,96 – Platz 7
POL	7	617,45 – Platz 3
SWE	8	207,1 – Platz 13
ESP	9	294,6 – Platz 10
ITA	10	316,28 – Platz 8
GB	11	249,54 – Platz 12

[a]Die Platzgruppierung nach Eingriffshäufigkeit bezieht sich auf das Ergebnis in Tab. 3.2
DE Deutschland; *AUT* Österreich; *CHE* Schweiz; *NOR* Norwegen; *DNK* Dänemark; *SWE* Schweden; *FRA* Frankreich; *ITA* Italien; *ESP* Spanien; *GB* Großbritannien; *NDL* Niederlande; *BEL* Belgien; *POL* Polen

heren Druck ausüben, diese Kapazitäten aus wirtschaftlichen Gründen auszulasten (WHO Busse et al. 2010). Tab. 3.1 zeigt im OECD-Vergleich diesen eindeutigen Trend in der Platzierung nach Krankenhausbettenanzahl und der Platzierung nach stationärer Eingriffshäufigkeit. Weitere Details finden sich hierzu in Tab. 3.2. Die Analyse macht deutlich, dass Deutschland und Österreich bei den meisten hier analysierten Eingriffen führend sind, dies gilt dann auch für die Krankenhausbettenzahl. Auffällig ist die Position der Schweiz, die trotz einer vergleichsweise moderateren Krankenhausbettenzahl (459,34 Betten pro 100.000 Einwohner) hohe Operationszahlen aufweist.

Einschränkend muss angemerkt werden, dass alle Zahlen mit Vorbehalt zu interpretieren sind, da sie sich auf die stationären Eingriffe beziehen. Länder, die Eingriffe wie Hernienverschluss und Herzkatheteruntersuchung vorwiegend ambulant durchführen, müssen zwangsläufig in den stationären Fallzahlen einen hinteren Platz einnehmen. Die Zahl der ambulanten Eingriffe konnte nur bei einigen der in dieser Arbeit genannten Diagnosen und Länder ermittelt werden, sodass die Eingriffshäufigkeit insgesamt in den einzelnen Ländern nicht vollständig diskutiert werden kann.

3.1 Eingriffshäufigkeit und Krankenhausbettenzahl

Tab. 3.2 Operationshäufigkeit in den OECD-Ländern im Jahr 2018 und Krankenhausbettenzahlen im Jahr 2019[a]. [18, 22]

OECD-Land	Krankenhausbettenzahl	APP (Zahl – Platz)	CHE (Zahl – Platz)	Ing. Hernienverschluss (Zahl – Platz)	HKU (Zahl – Platz)	Knie-TEP (Zahl – Platz)	Hüft-TEP (Zahl – Platz)
DE	791,48	149,5 – 2	239,8 – 1	209,1 – 6	409 – 1	222,8 – 3	310,5 – 1
AUT	718,9	147,8 – 3	213 – 3	277,4 – 1	302,7 – 2	229,9 – 2	298,5 – 3
POL	617,45	72,7 – 12	194,1 – 4	157,7 – 10	260,7 – 5	66,8 – 13	161,8 – 12
FRA	583,79	107,5 – 8	193,3 – 5	234,7 – 3	277 – 4	179,1 – 5	245,1 – 6
BEL	556,72	141,4 – 4	232,5 – 2	219,5 – 4	259,6 – 6	207 – 4	274,3 – 4
CHE	459,34	164,4 – 1	191,4 – 6	263,3 – 2	301,5 – 3	250,1 – 1	307,2 – 2
NOR	346,96	134,5 – 5	122,7 – 12	117,6 – 13	216,2 – 9	130,3 – 10	259,2 – 5
ITA	316,28	67,9 – 13	98 – 13	209,8 – 5	220,4 – 8	128,8 – 11	184,9 – 11
NDL	307,84	95,5 – 10	158,9 – 8	169,2 – 9	225,6 – 7	171,4 – 6	222,3 – 9
ESP	294,6	105,4 – 9	165,7 – 7	199,2 – 7	119,7 – 13	132,2 – 9	121,5 – 13
DNK	259,29	123,4 – 6	141,3 – 9	181,1 – 8	174,8 – 11	170,1 – 7	232,4 – 8
GB	249,54	87,3 – 11	135,6 – 11	124,4 – 12	125 – 12	147,7 – 8	186,4 – 10
SWE	207,1	127 – 7	137,7 – 10	150,7 – 11	195,5 – 10	127,5 – 12	240,8 – 7

[a]Die Tabelle fasst die Operationshäufigkeit für sechs spezifische Eingriffe pro 100.000 Einwohner in 13 OECD-Ländern im Jahr 2018 sowie die Anzahl der Krankenhausbetten pro 100.000 Einwohner im Jahr 2019 zusammen
DE Deutschland; *AUT* Österreich; *CHE* Schweiz; *NOR* Norwegen; *DNK* Dänemark; *SWE* Schweden; *FRA* Frankreich; *ITA* Italien; *ESP* Spanien; *GB* Großbritannien; *NDL* Niederlande; *BEL* Belgien; *POL* Polen
APP Appendektomie; *CLE* Cholezystektomie; *HKU* Herzkatheteruntersuchung; *Knie-TEP* Knietotalendoprothese; *Hüft-TEP* Hüfttotalendoprothese

3.2 Eingriffshäufigkeit und Arztdichte

Die spezifische Korrelation zwischen der Zahl an Chirurgen und der Anzahl der in dieser Arbeit analysierten Eingriffe konnte nur beschränkt für 9 Länder ermittelt werden, da die OECD-Datenbank keine detaillierten Informationen zur Facharztdichte bereitstellt. Es konnte aber in der Tendenz beobachtet werden, dass Länder mit mehr Chirurgen pro 1000 Einwohner auch höhere Operationsraten aufweisen im Vergleich zu Ländern mit weniger Chirurgen. Deutschland und Österreich beispielsweise wiesen im Jahr 2020 die höchste Zahl an Chirurgen pro 1000 Einwohner auf, mit 1,24 in Deutschland und 1,11 in Österreich (Tab. 3.3). Beide Länder nehmen auch bei der Häufigkeit der durchgeführten Eingriffe Spitzenpositionen ein.

Die allgemeine Arztdichte in den OECD-Ländern ist in Tab. 3.4 aufgeführt, sie variierte ebenfalls erheblich, wobei Österreich (5,5 Ärzte pro 1000 Einwohner) und

Tab. 3.3 Vergleich der Anzahl an Chirurgen pro 1000 Einwohner in ausgewählten OECD-Ländern im Jahr 2020 und Platzierung nach Eingriffshäufigkeit. [23]

Land	Anzahl (n) an Chirurgen pro 1000 Einwohner	Platz nach Eingriffshäufigkeit
Deutschland	**1,24**	**1**
Österreich	1,11	1
Spanien	1,01	9
Italien	0,99	10
Großbritannien	0,9	11
Schweiz	0,85	2
Norwegen	0,59	6
Polen (im Jahr 2017)	0,54	7
Frankreich	0,48	4

Tab. 3.4 Berufstätige Ärzten pro 1000 Einwohner in den OECD-Ländern in den Jahren 2017–2021. [24]

Land	Berufstätige Ärzte (pro 1000 EW)
Österreich	5,5 (im Jahr 2021)
Norwegen	5,2 (im Jahr 2021)
Spanien	4,6 (im Jahr 2020)
Deutschland	**4,5 (im Jahr 2021)**
Schweiz	4,5 (im Jahr 2021)
Litauen	4,5 (im Jahr 2020)
Schweden	4,3 (im Jahr 2019)
Dänemark	4,3 (im Jahr 2019)
Italien	4,1 (im Jahr 2021)
Tschechien	4,1 (im Jahr 2020)
Slowakei	3,7 (im Jahr 2020)
Irland	4,0 (im Jahr 2021)
Frankreich	3,4 (im Jahr 2020)
Slowenien	3,3 (im Jahr 2020)
Belgien	3,2 (im Jahr 2020)
Großbritannien	3,2 (im Jahr 2021)
Polen	2,4 (im Jahr 2017)

Deutschland (4,5 Ärzte pro 1000 Einwohner) zu den Ländern mit der höchsten Arztdichte gehören. Die Analyse zeigt, dass tendenziell Länder mit einer höheren Arztdichte auch eine höhere Operationshäufigkeit aufweisen. Eindeutig ist dies jedoch nicht, da beispielsweise Norwegen (5,2 Ärzte pro 1000 Einwohner) und Schweden (4,3 Ärzte pro 1000 Einwohner) eine mit Deutschland vergleichbare Arztdichte aufwiesen, bei deutlich niedrigeren Operationszahlen, die unter dem OECD-Mittelwert lagen.

3.3 Eingriffshäufigkeit und Übergewicht

Laut dem Bericht „Health at a Glance" der OECD (2023) haben Menschen mit Übergewicht eine höhere Wahrscheinlichkeit, gesundheitliche Dienstleistungen zu nutzen, einschließlich chirurgischer Eingriffe, und verursachen höhere Gesundheitskosten. Die Behandlung von Krankheiten, die mit Übergewicht verbunden sind, stellt einen erheblichen Kostenfaktor im Gesundheitssystem dar. Dies unterstreicht die Bedeutung von Präventionsmaßnahmen und frühzeitigen Interventionen, um langfristige Gesundheitskosten zu senken und die allgemeine Gesundheit der Bevölkerung zu verbessern.

Übergewicht stellt einen Risikofaktor für kardiovaskuläre Erkrankungen und für Gelenksarthrosen, speziell des Kniegelenks, dar. Ein Zusammenhang zwischen Übergewicht und einer höheren Anzahl an Herzkatheteruntersuchungen oder Implantationen von Knie- und Hüftendoprothesen ist daher plausibel (Ortega et al. 2016; Wang et al. 2009). Auch eine häufigere Cholezystolithiasis ist bei Patienten mit schwerer Adipositas im Vergleich zu Normalgewichtigen zu vermuten (Kaltenbach und Kratzer 2022). Hinsichtlich der Anzahl an Übergewichtigen (BMI von 25–30) und der Personen mit Adipositas (BMI ≥ 30) in den OECD-Ländern im Jahr 2019/2021 lag Deutschland mit 52,5 % der Population im Alter von 15 und mehr Jahren im Mittelfeld. Die niedrigste Rate an Übergewichtigen wurde in der Schweiz (41,8 % im Jahr 2017), in Frankreich (45,3 % im Jahr 2019) und in Italien (46,4 % im Jahr 2019) beobachtet. Noch niedrigere Raten an Übergewichtigen hatten Korea (30,6 % nach Selbsteinschätzung im Jahr 2018 und 33,7 % nach medizinischer Untersuchung im Jahr 2019) und Japan (27,2 % nach medizinischer Untersuchung im Jahr 2019) zu verzeichnen (OECD Data 2019b). Diese Länder wurden in unserer Analyse zur Operationshäufigkeit nicht aufgenommen. Deutlich höhere Raten an Übergewichtigen wurden im Jahr 2017–2021 in Irland (61 %), Großbritannien (64 %) und Finnland (67,6 %) beobachtet, wo die Eingriffsraten – bis auf die Hüftgelenksimplantationen in Finnland – relativ niedrig waren.

In den USA, das mit einer Übergewichtsrate von 73,1 % an der Spitze liegt, wurden 203,5 Hüftgelenksimplantationen und 225,5 Kniegelenksimplantationen pro 100.000 Einwohner im Jahr 2015 durchgeführt. Dies liegt deutlich über dem Durchschnitt der OECD-Länder (Statista 2015a; Statista 2015b). Auch Deutschland verzeichnet hohe Eingriffsraten. In der Häufigkeit von Übergewichtigen liegt Deutsch-

Tab. 3.5 Häufigkeit spezifischer Eingriffe im Jahr 2018 und prozentualer Anteil von Übergewichtigen (15 Jahre alt und älter) in OECD-Ländern im Jahr 2017–2021[a]. [18, 25]

Land	Übergewicht (%) – Platz	Eingriffshäufigkeit (n) pro 100.000 Einwohner			
		HKU (n) – Platz	Knie-TEP (n) – Platz	Hüft-TEP (n) – Platz	CHE (n) – Platz
Finnland	67,6 – 1	186,6 – 13	99,5 – 15	273,4 – 5	159,6 – 10
Großbritannien	64 – 2	125 – 16	147,7 – 8	186,4 – 14	135,6 – 14
Irland	61 – 3	130,5 – 15	47,5 – 16	123,1 – 16	101,1 – 16
Tschechien	58,4 – 4	214,9 – 11	144,7 – 9	199,2 – 12	194,7 – 6
Slowenien	56,5 – 5	220,3 – 9	132,2 – 10	187,7 – 13	234,7 – 3
Belgien	55,4 – 6	259,6 – 5	207 – 4	274,3 – 4	232,5 – 4
Litauen	55 – 7	311,9 – 2	124,4 – 14	200,6 – 11	294,5 – 1
Deutschland	**52,5 – 8**	**409 – 1**	**222,8 – 3**	**310,5 – 1**	**239,8 – 2**
Österreich	51,1 – 9	302,5 – 3	229,9 – 2	298,5 – 3	213 – 5
Dänemark	51 – 10	174,8 – 14	170,1 – 7	232,4 – 9	141,3 – 12
Spanien	50,2 – 11	119,7 – 17	132,2 – 9	121,5 – 17	165,7 – 9
Schweden	49,1 – 12	195,5 – 12	127,5 – 13	240,8 – 8	137,7 – 13
Niederlande	48,4 – 13	225,6 – 7	171,4 – 6	222,3 – 10	158,9 – 11
Norwegen	48 – 14	216,2 – 10	130,3 – 11	259,2 – 6	122,7 – 15
Italien	46,4 – 15	220,4 – 8	128,8 – 12	184,9 – 15	98 – 17
Frankreich	45,3 – 16	277 – 6	179,1 – 5	245,1 – 7	193,3 – 8
Schweiz	41,8 – 17	301,5 – 4	250,1 – 1	307,2 – 2	191,4 – 7

[a]Die Tabelle zeigt den prozentualen Anteil übergewichtiger Personen (mit einem BMI von 25–30) und die Häufigkeit spezifischer medizinischer Eingriffe pro 100.000 Einwohner in verschiedenen OECD-Ländern. Die Daten umfassen die Jahre 2017–2021. Aufgeführt sind Herzkatheteruntersuchungen (*HKU*), Knietotalendoprothesen (*Knie-TEP*), Hüfttotalendoprothesen (*Hüft-TEP*) und Cholezystektomien (*CHE*) im Jahr 2018. Jedes Land wird basierend auf der Häufigkeit dieser Eingriffe und dem Anteil der Übergewichtigen gerankt, wobei Rang 1 die höchste Häufigkeit bzw. den höchsten Prozentsatz darstellt

land aber nur an 8. Stelle (Tab. 3.5). Eine eindeutige Beziehung zwischen dem Anteil der Bevölkerung an Übergewichtigen und der hohen Zahl der durchgeführten Eingriffe ließ sich demnach für Deutschland im internationalen Vergleich nicht belegen.

Gesundheitsausgaben in den OECD-Ländern

4

Inhaltsverzeichnis

4.1 Gesundheitsausgaben und Eingriffshäufigkeit 37
4.2 Gesundheitsausgaben und Alter der Bevölkerung 38
4.3 Gesundheitsausgaben und Lebenserwartung 40
4.4 Ausgaben für gesundheitliche Prävention 41

4.1 Gesundheitsausgaben und Eingriffshäufigkeit

Die höchsten Gesundheitsausgaben im OECD-Ländervergleich hatten im Jahr 2018 die USA (16,6 % des BIP), gefolgt von Deutschland (11,5 % des BIP) und anderen europäischen Ländern wie Frankreich (11,2 % des BIP), Schweiz (11,2 % des BIP), Belgien (10,9 % des BIP) und Schweden (10,9 % des BIP). In den meisten europäischen Ländern lagen die Ausgaben bei 9 oder 10 % des Bruttoinlandsprodukts (Tab. 4.1). Die relativ geringsten Ausgaben wurden in Lettland (6,2 % des BIP), Polen (6,3 % des BIP) und Litauen (6,5 % des BIP) beobachtet [19].

Die Frage ist, ob die Häufigkeit der hier analysierten Eingriffe mit den gesamten Gesundheitsausgaben in den einzelnen Ländern korrelierte. Was die Häufigkeit der durchgeführten Eingriffe anging, bezogen auf 100.000 Einwohner, so nahmen Deutschland, Schweiz und Österreich die ersten Plätze ein. In diesen drei Ländern waren im Jahr 2018 auch die gesamten Gesundheitsausgaben unter den höchsten (Deutschland 11,5 %, Schweiz 11,2 %, Österreich 10.3 % bezogen auf das BIP) (Tab. 4.1). In Frankreich (11,2 % des BIP) und in Belgien (10,9 % des BIP) waren

---

Die Zahlen in eckigen Klammern verweisen auf die Quellenangaben zu den statistischen Erhebungen, die am Buchende zusammengefasst und online frei zugänglich sind.

© Der/die Autor(en), exklusiv lizenziert an Springer-Verlag GmbH, DE, ein Teil von Springer Nature 2024
V. Pède et al., *Unsichere Operationsindikationen und Überversorgung*, https://doi.org/10.1007/978-3-662-70490-5_4

Tab. 4.1 Gesundheitsausgaben (%) in 13 ausgewählten OECD-Ländern und Gruppierung der Länder nach Eingriffshäufigkeit im Jahr 2018. [19]

Land	Gesundheitsausgaben[b] (% vom BIP) im Jahr 2018	Platzgruppierung der Länder nach Eingriffshäufigkeit[a] im Jahr 2018
DE	**11,5**	**1**
FRA	11,2	4
CHE	11,2	2
SWE	10,9	8
BEL	10,9	3
AUT	10,3	2
DNK	10,1	5
NDL	10	5
NOR	10	6
GB	9,7	11
ESP	9	9
ITA	8,7	10
POL	6,3	7

[a]Folgende 6 Eingriffe wurden ausgewählt: Appendektomie, Cholezystektomie, Herzkatheteruntersuchung, inguinaler Hernienverschluss, Knie-TEP und Hüft-TEP
[b]Daten zu dem BIP sind am 22.11.2022 abgerufen worden
DE Deutschland; *AUT* Österreich; *CHE* Schweiz; *NOR* Norwegen; *DNK* Dänemark; *SWE* Schweden; *FRA* Frankreich; *ITA* Italien; *ESP* Spanien; *GB* Großbritannien; *NDL* Niederlande; *BEL* Belgien; *POL* Polen

ebenfalls die Gesundheitsausgaben und die Eingriffszahlen hoch (Frankreich an Platz 4, Belgien an Platz 3 nach Eingriffshäufigkeit). Die Gesundheitsausgaben der meisten untersuchten Länder korrelierten mit der Häufigkeit der analysierten Eingriffe. Eine Ausnahme bildete Schweden, welches bei den Gesundheitsausgaben im Jahr 2018 an 3. Stelle lag, bei der Eingriffshäufigkeit jedoch an 8. Stelle. Auch in Großbritannien zeigte sich eine Auffälligkeit: Trotz eines prozentual ähnlichen Anteils des BIP für Gesundheitsausgaben (Deutschland 11,5 %, Großbritannien 9,7 %) lag die Anzahl der analysierten Eingriffe in Großbritannien um fast 50 % unter denen von Deutschland. Dies könnte darauf hinweisen, dass die Verteilung der Gesundheitsausgaben im britischen Gesundheitssystem über verschiedene Disziplinen, Institutionen und präventive Maßnahmen unterschiedlich sein könnte. Der Vergleich bezieht sich jedoch nur auf die Häufigkeit der sechs ausgewählten Eingriffe und die Gesundheitsausgaben ohne Investitionen.

4.2 Gesundheitsausgaben und Alter der Bevölkerung

Grundsätzlich ist davon auszugehen, dass mit steigendem Alter auch das Risiko, zu erkranken, zunimmt. Eine Studie von Alemayehu und Warner (2004) hat beispielsweise gezeigt, dass etwa 31 % der Gesundheitsausgaben eines gesamten Lebens im mittleren Alter (40–65 Jahre) und knapp 50 % der Kosten im Seniorenalter

4.2 Gesundheitsausgaben und Alter der Bevölkerung

(über 65 Jahre) anfallen. Besonders gravierend ist in diesem Zusammenhang die Zunahme der demenzkranken Bevölkerung. In Deutschland lebten schätzungsweise im Jahr 2018 rund 1,6 Mio. Menschen mit Demenz (65 Jahre oder älter). Nach Prognosen könnte deren Anzahl im Jahr 2030 auf bis zu 1,9 Mio. und im Jahr 2050 auf bis zu 2,8 Mio. ansteigen. Dementsprechend werden auch die Ausgaben zunehmen. In Deutschland wurden z. B. im Jahr 2020 über 2 % vom BIP an Demenzerkrankung ausgegeben, was rund 83 Mrd. € entspricht (DZNE 2023). Laut Berechnung des Deutschen Zentrums für Neurodegenerative Erkrankungen e. V. (DZNE) werden die Kosten für Demenz sogar auf rund 141 Mrd. € im Jahr 2040 und rund 195 Mrd. € im Jahr 2060 steigen.

Die drei Länder mit dem höchsten Altersdurchschnitt waren in der vorliegenden Untersuchung Italien, Deutschland und Spanien, die drei Länder mit dem geringsten Altersdurchschnitt Großbritannien, Norwegen und Schweden. Dem sind die Länder mit den höchsten Gesundheitsausgaben abhängig von ihrem BIP gegenüberzustellen. Wie Tab. 4.2 zeigt, waren im Jahr 2020 die drei Länder mit den höchsten Gesundheitsausgaben Deutschland, Frankreich und die Schweiz/Großbritannien. Die Länder mit den geringsten Gesundheitsausgaben waren Polen, Italien und Dänemark/Spanien bezogen auf das Bruttoinlandprodukt (BIP). Der Vergleich demonstriert, dass die Gesundheitsausgaben mit dem Alter der Bevölkerung nicht eindeutig korrelieren. Italien und Spanien mit dem hohen Altersdurchschnitt gehörten zu den Ländern mit den prozentual geringeren Gesundheitsausgaben.

Tab. 4.2 Gesundheitsausgaben (% vom Bruttoinlandsprodukt) in 13 ausgewählten OECD-Ländern vor der Coronavirus-Pandemie (2018–2019) und im ersten Jahr der Pandemie (2020) sowie Altersmedian der Bevölkerung. [27–30]

Land	Altersmedian (in Jahren) im Jahr 2022	Gesundheitsausgaben (% vom BIP)		
		2018	2019	2020
ITA	48	8,7	8,7	9,6
DE	**45,8**	**11,5**	**11,7**	**12,7**
ESP	45,1	9	9,1	10,7
AUT	43,6	10,3	10,5	11,3
CHE	42,8	9,7	11,4	12
NDL	42,7	10	10,1	11,2
DNK	42,3	10,1	10,2	10,7
FRA	42,2	11,2	11,1	12,1
POL	42	6,3	6,5	6,5
BEL	41,9	10,9	10,8	11,3
SWE	40,7	11,2	10,8	11,3
NOR	40,4	10	10,4	11,4
GB	39,8	9,7	10	12

DE Deutschland; *AUT* Österreich; *CHE* Schweiz; *NOR* Norwegen; *DNK* Dänemark; *SWE* Schweden; *FRA* Frankreich; *ITA* Italien; *ESP* Spanien; *GB* Großbritannien; *NDL* Niederlande; *BEL* Belgien; *POL* Polen

4.3 Gesundheitsausgaben und Lebenserwartung

Nach Daten der OECD erreichte Japan vor der Coronavirus-Epidemie im Jahr 2018 mit einer Lebenserwartung von 84,3 Jahren für Männer und Frauen zusammen den weltweit höchsten Wert [31]. Die Schweiz folgte auf dem 2. Rang mit einer Lebenserwartung von 83,8 Jahren, während Spanien mit 83,5 Jahren den 3. Platz und Italien mit 83,4 Jahren den 4. Platz belegten (Tab. 4.3). Deutschland und Dänemark waren gleich auf Platz 24 und 25 mit einer durchschnittlichen Lebenserwartung von 81,0 Jahren.

Ein Einfluss der Gesundheitsausgaben auf die Lebenserwartung vor der Coronavirus-Pandemie (im Jahr 2018, Tab. 4.3) und zu Beginn der Pandemie (im Jahr 2020, Tab. 4.4) konnte nicht nachgewiesen werden. Die höchsten Ausgaben unter den 13 gewählten Ländern hatte Deutschland sowohl im Jahr 2018 als auch im Jahr 2020 bei nur durchschnittlich hoher Lebenserwartung (Ausgaben 11,5 % vom BIP mit Lebenserwartung von 81 Jahren im Jahr 2018 und 12,5 % vom BIP bei Lebenserwartung von 81,1 Jahren im Jahr 2020). Die Lebenserwartung war z. B. in Italien oder in Spanien höher als in Deutschland, die Gesundheitsausgaben dort aber wesentlich geringer als in Deutschland und auch anderen Ländern. Die Schweiz, Deutschland oder Norwegen gaben im Jahr 2018 über 6000 $ und im Jahr 2020 über 6000 und 7000 $ pro Kopf aus, während Italien und Spanien sowohl vor der Coronavirus-Pandemie als auch zu Beginn der Pandemie zwischen 3000 und 4000 $ zurechtkamen. Die Gesundheitsausgaben stiegen in allen Ländern von 2018–2020

Tab. 4.3 Vergleich der Lebenserwartung in 13 ausgewählten OECD-Ländern *vor der Coronavirus-Pandemie im Jahr 2018* mit den Gesundheitsausgaben pro Kopf sowie den Gesundheitsausgaben im prozentualen Anteil vom BIP im Jahr 2018. [19, 31]

Land	Lebenserwartung (Männer und Frauen, in Jahren) im Jahr 2018	Gesundheitsausgaben ($ pro capita) im Jahr 2018	Gesundheitsausgaben (% vom BIP) im Jahr 2018
CHE	83,8	6931	9,7
ESP	83,5	3427	9
ITA	83,4	3496	8,7
NOR	82,8	6495	10
FRA	82,8	5099	11,2
SWE	82,6	5419	11,2
NDL	81,9	5489	10
AUT	81,8	5519	10,3
BEL	81,7	5315	10,9
GB	81,3	4190	9,7
DE	**81,0**	**6282**	**11,5**
DNK	81,0	5307	10,1
POL	77,7	2107	6,3

DE Deutschland; *AUT* Österreich; *CHE* Schweiz; *NOR* Norwegen; *DNK* Dänemark; *SWE* Schweden; *FRA* Frankreich; *ITA* Italien; *ESP* Spanien; *GB* Großbritannien; *NDL* Niederlande; *BEL* Belgien; *POL* Polen

Tab. 4.4 Vergleich der Lebenserwartung in 13 ausgewählten gewählten OECD-Ländern *während der Coronavirus-Pandemie im Jahr 2020* mit den Gesundheitsausgaben pro Kopf sowie den Gesundheitsausgaben prozentual vom BIP im Jahr 2020. [27, 31]

Land	Lebenserwartung (Männer und Frauen, in Jahren) im Jahr 2020	Gesundheitsausgaben ($ pro capita) im Jahr 2020	Gesundheitsausgaben (% vom BIP) im Jahr 2020
NOR	83,3	6536	10,4 %
CHE	83,1	7179	10,1 %
SWE	82,4	5757	10,4 %
ESP	82,4	3718	9,9 %
FRA	82,3	5468	11,7 %
ITA	82,3	3747	8,9 %
DNK	81,6	5694	9,5 %
NDL	81,4	6190	10,5 %
AUT	81,3	5883	10,6 %
DE	**81,1**	**6939**	**12,5 %**
BEL	80,8	5274	10,3 %
GB	80,4	5019	10,8 %
POL	76,5	2286	6,7 %

DE Deutschland; *AUT* Österreich; *CHE* Schweiz; *NOR* Norwegen; *DNK* Dänemark; *SWE* Schweden; *FRA* Frankreich; *ITA* Italien; *ESP* Spanien; *GB* Großbritannien; *NDL* Niederlande; *BEL* Belgien; *POL* Polen

an, was wahrscheinlich auf die erhöhten Kosten für Gesundheitsdienstleistungen im Zusammenhang mit der Covid-19-Pandemie zurückzuführen ist. Länder wie die Schweiz, Deutschland und Norwegen, die bereits höhere Ausgaben hatten, erhöhten diese weiter. Besonders auffällig ist der Anstieg in Deutschland, wo die Ausgaben von 6282 $ pro Kopf im Jahr 2018 auf 6939 $ im Jahr 2020 stiegen. Dies entspricht einem Anstieg von etwa 10,5 %.

4.4 Ausgaben für gesundheitliche Prävention

Eine besondere Rolle für die Lebenserwartung spielen präventive Maßnahmen sowie gesundheitliche Screening-Untersuchungen, Raucher- und Alkoholentwöhnung, Kontrolle und Reduzierung von Folgeerkrankungen, die durch Übergewicht und Diabetes verursacht werden. Diese Initiativen sind jedoch mit beträchtlichen finanziellen Aufwendungen verbunden. Die Gesundheitsausgaben in der EU im Jahr 2018 betrugen etwa 1,2 Billionen €, wovon lediglich 3,1 % (etwa 37 Mrd. €) für präventive Maßnahmen aufgewendet wurden. Die meisten EU-Länder haben ihre Präventionsausgaben in den letzten Jahren nur leicht erhöht [32].

Die Ausgaben für die gesundheitliche Prävention im Jahr 2020 waren laut Eurostat-Datenbank am höchsten in der Schweiz (207,48 € pro Person). Das zweite Land mit den höchsten Ausgaben für die Prävention war Norwegen (196,44 € pro Person), das dritte Großbritannien (189,87 € pro Person). Anhand der Eurostat-Daten (Tab. 4.5) lässt sich ein positiver Zusammenhang zwischen den Gesundheits-

Tab. 4.5 Gesundheitsausgaben für die Prävention im Jahr 2020 in ausgewählten europäischen Ländern. [31, 33]

Land	Gesundheitsausgaben für die Prävention (in € pro Person) im Jahr 2020	Anteil der Präventionsausgaben (%) an den Gesundheitsausgaben insgesamt im Jahr 2020	Lebenserwartung (Männer und Frauen zusammengefasst, in Jahren) im Jahr 2020
Schweiz	207,48	3,62	83,1
Norwegen	196,44	2,68	83,3
Großbritannien	189,87	1,55	80,4
Schweden	161,33	3,32	82,4
Niederland	150,38	4,56	81,4
Deutschland	**138,76**	**3,21**	**81,1**
Dänemark	119,47	3,19	81,6
Luxemburg	106,45	5,3	82,2
Italien	103,02	5,48	82,3
Österreich	90,67	3,58	81,3
Frankreich	70,36	2,85	82,3
Belgien	60,72	2,04	80,8
Spanien	45,94	3,17	82,4
Polen	22,74	1,93	76,5
Litauen	18,37	3,9	75,1
Rumänien	7,14	1,95	74,2

ausgaben für Prävention und der Lebenserwartung feststellen. Länder, die höhere Ausgaben für Prävention tätigen, tendieren dazu, eine höhere Lebenserwartung zu haben. Beispiele hierfür sind die Schweiz und Norwegen, die die höchsten Ausgaben für Prävention aufweisen und auch eine hohe Lebenserwartung von über 83 Jahren haben. Gesichert ist der Zusammenhang aber nicht. Länder wie Spanien und Frankreich, die weniger für Prävention ausgeben, haben trotzdem eine hohe Lebenserwartung.

Klinische Registererhebungen und Studien zur Eingriffshäufigkeit im Vergleich

5

Inhaltsverzeichnis

5.1	Unkomplizierte Appendizitis	44
5.2	Asymptomatische/minimal symptomatische Leistenhernie bei Männern	45
5.3	Claudicatio intermittens	45
5.4	Herzkatheteruntersuchung und diagnostische Koronarangiografie	46
5.5	Tonsillektomie und Tonsillotomie	48
5.6	Kniegelenksersatz	49
5.7	Hüftgelenksersatz	51
5.8	Bauchaortenaneurysma	53
5.9	Extrakranielle Karotisstenose (Verengung der Halsschlagader)	54
5.10	Prostatakarzinom	56
5.11	Sectio caesarea	59
5.12	Fazit	61

Bereits im Jahr 1999 hatten Fisher und Welsh (1999) auf das enorme Wachstum des Gesundheitsmarktes aufmerksam gemacht und gefragt, ob tatsächlich „mehr" gleichzusetzen sei mit „besser". Sie beschrieben das Gesetz der „diminishing returns". So führt beispielsweise ein mehr an Diagnostik auch zu einem mehr an Pseudodiagnosen – Krankheiten, die bei einem Patienten während seines Lebens nie in Erscheinung getreten und damit behandelt worden wären, wenn sie nicht diagnostiziert worden wären. Ein mehr an Behandlungsaufwand und Kosten kann dann eher schädlich als nützlich sein, v. a., wenn die Risiken eines Eingriffs die Risiken des natürlichen Verlaufs übersteigen. Unter diesem Aspekt sind auch die Eingriffs-

---

Die Zahlen in eckigen Klammern verweisen auf die Quellenangaben zu den statistischen Erhebungen, die am Buchenende zusammengefasst und online frei zugänglich sind.

© Der/die Autor(en), exklusiv lizenziert an Springer-Verlag GmbH, DE, ein Teil von Springer Nature 2024
V. Pède et al., *Unsichere Operationsindikationen und Überversorgung*,
https://doi.org/10.1007/978-3-662-70490-5_5

zahlen in Deutschland zu sehen, die bei den hier ausgewählten Diagnosen der Häufigkeit nach weltweit einen Spitzenplatz einnehmen, mit entsprechend hohen Kosten, ohne dass die Lebenserwartung der Bevölkerung in der OECD-Statistik in gleicher Weise herausgehoben ist. Dies führt zu der Frage der „unnötigen Operationen", die sich nur schwer beantworten lässt, solange konservative und operative Behandlung gleichermaßen evidenzbasiert ihre Berechtigung haben oder es keine eindeutige Evidenz für oder gegen das eine oder andere Vorgehen gibt– die weit häufigere Situation. Beispiele für unsichere Operations- und Interventionsindikationen seien im Folgenden anhand einer Literaturrecherche in der PubMed-Datenbank analysiert.

5.1 Unkomplizierte Appendizitis

Die globale Inzidenz der Appendizitis wurde auf Basis von 120 Studien von Ferris et al. (2017) in einem systematischen Review untersucht. Sie fanden eine gepoolte Inzidenz (auf 100.000 Personenjahre) für Appendizitis oder Appendektomie von 100 in Nordamerika verglichen mit 105 in Ost- und 151 in Westeuropa, mit einer Abnahme seit 1990.

Die unkomplizierte Appendizitis kann mit Appendektomie oder konservativ mit Antibiotika behandelt werden. Einen Vergleich zwischen Antibiotikatherapie und Appendektomie bei unkomplizierter Appendizitis stellten Doleman et al. (2024) in einem Cochrane-Review an. Sie fanden 13 Studien mit 1675 Teilnehmern, randomisiert zu Antibiotika, und 1683 Teilnehmern, randomisiert zu Appendektomie. Die Folgerung dieser Analyse war, dass die Antibiotikatherapie mit einer höheren Rate an nichterfolgreichen Behandlungen im Vergleich zur Appendektomie einhergeht (76 auf 1000 Patienten), dass dieser Unterschied aber klinisch unbedeutend sei. Eine Antibiotikatherapie kann die Wundinfektionsrate senken, aber ein Drittel der Teilnehmer mit Antibiotikatherapie benötigte in der Folge eine Appendektomie, während umgekehrt Zweidrittel einen Eingriff innerhalb eines Jahres vermieden. Die Datenlage war nicht ausreichend, um Majorkomplikationen zu bewerten.

Stöß et al. (2021) verwendeten Daten der fallpauschalenbezogenen Krankenhausstatistik (DRG-Statistik), um die zeitliche Entwicklung, Mortalität und Komplikationsraten bei der chirurgischen Behandlung der Appendizitis in Deutschland von 2010–2017 zu analysieren. Insgesamt wurden 865.688 stationäre Fälle analysiert. Die Zahl der Appendektomien ging um 9,8 % zurück, von 113.614 Fällen im Jahr 2010 auf 102.464 Fälle im Jahr 2017; die Inzidenz sank von 139/100.000 im Jahr 2010 auf 123/100.000 im Jahr 2017 (standardisiert nach Altersgruppen). Dieser Rückgang war auf die niedrigere Zahl von Operationen bei unkomplizierter Appendizitis zurückzuführen (79.906 im Jahr 2017 vs. 93.135 im Jahr 2010). Die Krankenhausmortalität zeigte sich rückläufig bei Patienten, die wegen einer komplizierten Appendizitis operiert wurden (0,62 % in 2010 vs. 0,42 % in 2017) sowie bei Patienten mit einem komplizierten klinischen Verlauf (5,4 % in 2010 vs. 3,4 % in 2017). Die Folgerung war, dass die Behandlungsprinzipien bei akuter Appendizitis in deutschen Krankenhäusern der aktuellen Entwicklung zugunsten eines nichtoperativen Vorgehens bei ausgewählten Patienten folgen – aber nicht bei allen Patienten, wie die erheblichen Schwankungen der Appendektomierate in den einzelnen Bundesländern zeigen (Tab. 1.1).

5.2 Asymptomatische/minimal symptomatische Leistenhernie bei Männern

Seit der Publikation der randomisierten Studie von Fitzgibbons et al. (2006) ist es anerkannt, dass das Abwarten unter Beobachtung („watchful waiting") eine akzeptable Option für Männer mit minimal symptomatischer Leistenhernie darstellt. Das Verzögern der Operation bis deutliche Symptome auftreten, ist sicher, da unter diesen Bedingungen die akute Hernieninkarzeration ein seltenes Ereignis darstellt. Eine weitere randomisierte Studie bestätigte, dass die abwartende Haltung bei Männern über 50 Jahre mit asymptomatischer oder gering symptomatischer Leistenhernie ihre Berechtigung hat, auch wenn nach 2 Jahren Follow-up 35,4 % der Patienten mit Watchful Waiting sich einer elektiven Leistenhernienreparation unterzogen und 6 Patienten (2,3 %) notfallmäßig wegen Leistenhernieninkarzeration operiert werden mussten (de Goede et al. 2018). Von dieser Studie liegen jetzt Nachbeobachtungsdaten bis zu 12 Jahren vor (van den Dop et al. 2023). Nach 12 Jahren wurde die Crossover-Rate zur Chirurgie bei Patienten mit abwartender Haltung auf 64,2 % geschätzt, mit größeren Beschwerden/Schmerzen in der Gruppe mit abwartender Haltung. Da aber eine Inkarzeration nur bei 10 von 255 Patienten (3,9 %) auftrat und keine Unterschiede in der Lebensqualität bestanden, hielten die Autoren die abwartende Haltung weiterhin für eine Option bei asymptomatischen Patienten, bei entsprechender Patientenaufklärung.

5.3 Claudicatio intermittens

Die Leitlinien der European Society of Cardiology (ESC) in Zusammenarbeit mit der European Society for Vascular Surgery (ESVS) (Aboyans et al. 2018) empfehlen bei Patienten mit Claudicatio intermittens (IC) ein überwachtes Übungstraining (Gehtraining) als Primärtherapie. Ein nichtüberwachtes Übungstraining wird empfohlen, wenn ein überwachtes Übungstraining nicht machbar ist oder nicht zur Verfügung steht. Nur wenn die täglichen Lebensaktivitäten trotz Übungstherapie beeinträchtigt sind, sollte eine Revaskularisation in Betracht gezogen werden. In gleicher Weise äußern sich beispielsweise die Leitlinien des American College of Cardiology/American Heart Association (Gerhard-Herman et al. 2017). Bisher ist jedoch ein flächendeckendes Angebot von Gehtrainingsgruppen für Patienten mit peripherer arterieller Gefäßerkrankung (pAVK) in Deutschland nicht verfügbar, worauf Dovzhanskiy et al. (2023) unter dem bezeichnenden Titel „Das große Verbesserungspotenzial in der multimodalen Basisbehandlung der peripheren arteriellen Verschlusskrankheit (pAVK): ein Aufruf zum flächendeckenden Ausbau der pAVK-Gehtrainingsgruppen in Deutschland" hingewiesen haben. Entsprechend häufig wird in Deutschland bei IC frühzeitig operiert. Dies zeigen auch die hohen Behandlungszahlen bei pAVK im Stadium Fontaine IIa und IIb, über die Trenner et al. (2022) anhand der Auswertung nationaler DRG-Daten für Deutschland berichteten, mit wiederum ganz erheblichen regionalen Unterschieden. Bei solchen Unterschieden und dem übermäßigen Einsatz der frühen peripheren Intervention bei IC spielen auch finanzielle Interessen eine Rolle, dies wurde zumindest für die USA von Hicks et al. (2020) unter dem Titel „Overuse of early peripheral vascular interventions for claudication" offen angesprochen.

Eine kostengünstigere und zudem klinisch bessere, evidenzbasierte Therapie wird aus den Niederlanden berichtet. Jansen et al. (2020) werteten retrospektiv Krankenkassendaten der Niederlande der Jahre 2013–2017 aus. Es handelte sich um eine Kohorte von 54.504 Patienten mit IC, die primär mit überwachter Bewegungstherapie („supervised exercise training", SET) (n = 39.476), endovaskulärer (n = 11.769) oder offener Revaskularisation (n = 3259) behandelt wurden. SET als Primärbehandlung bei IC nahm in den Jahren 2013–2017 von 63 % auf 87 % zu. Patienten mit endovaskulärer oder offener Chirurgie als Primärbehandlung hatten ein signifikant höheres Risiko der sekundären Revaskularisation (Hazard Ratio 1,44 bzw. 1,45) und ein höheres Sterblichkeitsrisiko (Hazard Ratio 1,38 bzw. 1,49) als Patienten mit primärer SET. Die Autoren wiesen darauf hin, dass es in den Niederlanden mittlerweile gelungen ist, die Leitlinienempfehlung des SET als Ersttherapie bei Patienten mit IC in 87 % umzusetzen. Patienten mit überwachter Bewegungstherapie hatten das bessere Überleben, bei weniger Revaskularisationen.

Eine Studie aus Australien kommt zu einem ähnlichen Ergebnis (Golledge et al. 2018). Patienten mit intermittierender Claudicatio, die einer frühen Revaskularisation unterzogen wurden (39 % der Studienteilnehmer) hatten im Vergleich zu denen, die zunächst konservativ behandelt wurden (61 %), eine signifikante höhere 5-Jahres-Amputationsrate von 6,2 % vs. 0,7 %. Die wahrscheinlichste Ursache war, dass die höhere Amputationsrate auf Spätkomplikationen des revaskularisierenden Eingriffs beruhte. Übereinstimmend hiermit berichteten Madabhushi et al. (2021) die Ergebnisse einer Propensity-Score gematchten Kohorte von 218 revaskularisierten und 340 nichtrevaskularisierten Patienten mit IC. Auch hier war die Revaskularisation im Langzeitverlauf bis zu 15 Jahre nach dem Eingriff mit einer höheren Rate an Patienten mit kritischer Extremitätenischämie und Amputation assoziiert im Vergleich zu Patienten mit konservativer Therapie. Die Folgerung ist, dass die Revaskularisation bei Patienten mit Claudicatio intermittens zurückhaltend – nach Versuch eines Gehtrainings – durchgeführt werden sollte, da Komplikationen unter Umständen den Langzeitverlauf im Vergleich zu einer abwartenden Haltung negativ beeinflussen. Hierüber sollte der Patient aufgeklärt sein.

5.4 Herzkatheteruntersuchung und diagnostische Koronarangiografie

Diagnostische Linksherzkatheteruntersuchungen sind indiziert, wenn vorab eine Bypassoperation oder eine perkutan-transluminale Gefäßintervention an Herz- und Koronargefäßen als therapeutische Konsequenz in Betracht gezogen wird. Über-

5.4 Herzkatheteruntersuchung und diagnostische Koronarangiografie

durchschnittlich hohe Raten an Herzkatheteruntersuchungen lassen folglich einen hohen Anteil an nichtleitliniengerechten Indikationen vermuten (Leitlinie meint die „appropritate use criteria", APU) (Patel et al. 2017). So waren in Deutschland laut Institut für Qualitätssicherung und Transparenz im Gesundheitswesen (IQTIG) im Jahr 2018 nur bei etwa 59,5 % der gesetzlich Krankenversicherten mit chronischer KHK, bei denen eine Herzkatheteruntersuchung durchgeführt wurde, präinterventionell Ischämietests dokumentiert (Eckert und Gießelmann 2019). Umgekehrt forderten die Leitlinien des britischen National Institute for Health and Care Excellences (NICE) bereits im Jahr 2017 das kardiale CT – nicht den Herzkatheter – als Erstlinienuntersuchung für alle Patienten, die sich mit Brustschmerz bei Verdacht auf Koronarerkrankung vorstellen (Moss et al. 2017).

In einer Multizenterbeobachtungsstudie (544 Krankenhäuser) der USA erfassten Bradley et al. (2014) 1,225.562 Patienten mit elektiver Koronarangiografie, 308.083 (25,1 %) Patienten waren asymptomatisch. Der Anteil der asymptomatischen Patienten an der Gesamtzahl der Angiografien reichte in den einzelnen Krankenhäusern von 1,0–73,6 %, was die unsichere Indikationsstellung belegt. Parallel mit dem Anstieg der Angiografiefrequenz von asymptomatischen Patienten wurde eine zunehmende Rate an nichtleitliniengerechten Angiografien beobachtet, von 5,4 % bis zu 21,6 %. Maßnahmen, die Indikationsstellung zu verbessern, wurden gefordert.

Die hohe regionale Variation bei der Koronarangiografierate in Deutschland analysierten Frank-Teewag et al. (2022) anhand von Krankenkassendaten der Jahre 2014–2016. Sie nannten 425.163 Koronarangiografien bei 41,739.344 (1,02 %) Versicherten für das Jahr 2016. Die Daten ließen eine positive Assoziation zwischen der Zahl der Krankenhäuser mit Herzkatheterlabor pro 10.000 Einwohner und der Zahl der Koronarangiografiefälle insgesamt sowie der Fälle ohne Herzinfarkt erkennen, während eine solche Beziehung für Patienten mit Herzinfarkt nicht bestand. Ein hohes Angebot an Untersuchungsmöglichkeiten steigerte demnach lediglich die Rate an Koronarangiografien bei nichtakuten Fällen (in dieser Studie wurde eine therapeutische Intervention nur bei 40 % der Fälle mit Koronarangiografie vorgenommen, die Mehrzahl der Untersuchungen war also rein diagnostisch – ganz im Gegensatz zu der Forderung des NICE, s. o.).

Die Ergebnisse von Frank-Terwag et al. (2022) bestätigten frühere Untersuchungen von Piedmont et al. (2017). Letztere analysierten die Raten an Linksherzkatheteruntersuchungen (LKU) und deren invasive therapeutische Konsequenz zwischen den Landkreisen und Krankenhäusern des Bundeslandes Sachsen-Anhalt. Zudem wurde der Zusammenhang zwischen LKU-Raten und nachfolgenden Interventionsraten sowie den Entlassungsraten wegen Herzinfarkt untersucht. Der Anteil der Patienten mit LKU, aber ohne invasive Folgemaßnahmen im mindestens 12-monatigen Nachbeobachtungszeitraum betrug 54,2 %. Im Landkreisvergleich bestand ein fast linearer Zusammenhang zwischen der Zahl der erbrachten LKU-Fälle pro 10.000 Versichertenjahre und der Zahl der LKU-Fälle, die nach mindestens 12 Monaten ohne PTCA oder Bypass blieben. Zwischen den Krankenhäusern variierte der Anteil folgenloser LKU an allen LKU zwischen 37 % und 85 %. Die ausgeprägten Unterschiede konnten nicht mit demografischen Unterschieden erklärt werden. Im Krankenhausvergleich deuteten die großen Unterschiede beim Anteil invasiv folgenloser LKU an allen LKU auf angebotsinduzierte Faktoren hin.

5.5 Tonsillektomie und Tonsillotomie

In einem historischen Rückblick stellten van Munster et al. (2020) fest, dass Tonsillektomie und Adenoidektomie bei Kindern die ersten Eingriffe überhaupt waren, bei denen bereits im Jahr 1938 unbegründete regionale Variationen nachgewiesen werden konnten. Seitdem seien zwar die Indikationen strenger und die Qualität der Leitlinien erheblich verbessert worden, trotzdem seien die (nicht begründbaren) Behandlungsvariationen weiterhin erheblich, wie ihre Übersicht auf Basis von 21 Publikationen zur regionalen Variation belegte.

Übereinstimmend mit dieser Feststellung kommen Geißler und Guntinas-Lichius (2020) in einem Übersichtsartikel zu Tonsillektomie und Tonsillotomie in Deutschland zu folgenden Erkenntnissen:

- Der IQWiG-Bericht (IQWiG-Berichte – Nr. 1405, 2022) zur Tonsillotomie macht deutlich, wie wenig evidenzbasierte hochwertige Studien zum Thema vorliegen, obwohl die Tonsillenchirurgie weltweit ein häufiger Eingriff ist.
- Die Tonsillektomie ist ein genau definierter Eingriff. Die Tonsillotomie ist nicht klar definiert, wenn auch zumeist das Gewebe medial des Niveaus der Gaumenbögen entfernt wird.
- Die Tonsillotomie hat einen gut belegten Nutzen bei der symptomatischen Hyperplasie der Gaumenmandeln bei Kindern. Der Nutzen scheint der Tonsillektomie gleichwertig, die Risiken sind dagegen geringer.
- Der Nutzen der Tonsillotomie zur Behandlung der rezidivierenden akuten Tonsillitis ist unklar.
- Es gilt gemeinhin für die Tonsillenchirurgie, Qualitätsziele zu definieren und die Präferenz der Patienten/Eltern in die Entscheidungsfindung einzubeziehen.

Die große Variation in der Tonsillektomierate in Deutschland (Tab. 1.5) ist kein Sonderfall, sondern wird auch für andere Länder berichtet und mag auf die mangelnde Evidenz der Therapie zurückzuführen sein, die dem Therapeuten einen breiten Entscheidungsspielraum einräumt. In Schottland z. B. lag die Tonsillektomierate in den Jahren 2001–2018 in der Region mit der niedrigsten Frequenz bei 1,24 pro 1000 Kinder vs. 3,9 pro 1000 in der Region mit der höchsten Frequenz (Kubba und Downie 2023). Teilweise ließen sich hohe Behandlungszahlen mit dem Transfer von Kindern aus Nachbarregionen erklären, darüber hinaus war die Tonsillektomierate bei den sozial unterprivilegierten Bevölkerungsschichten höher als bei den sozial besser gestellten. Aber ein hoher Prozentsatz der Variationen blieb nicht erklärbar.

Eine sehr differenzierte Analyse liegt aus den Niederlanden für die Jahre 2016–2019 vor (van Munster et al. 2021). Erfasst wurden Eingriffe bei Kindern von 0–15 Jahren. Die Rate an Adenoidektomien variierte in den Regionen um den Faktor 6, während für Adenotonsillektomien die Unterschiede nur zweifach waren. Die Autoren erklärten diese Unterschiede in der Variationsbreite damit, dass die Indikation der Tonsillektomie in den niederländischen Leitlinien gut definiert sei, was aber für Adenoidektomien nicht gelte.

Für die USA analysierten Boss et al. (2012) 583.000 ambulante Tonsillektomien bei Kindern im Jahr 2006. Kinder im Alter von 0–6 Jahren unterzogen sich häufiger einer Tonsillektomie (102,9 pro 10.000) als Kinder im Alter von 13–17 Jahren (33,8 pro 10.000). Im Alter von 7–12 Jahren betrug die Rate 91,3 pro 10.000. Es gab erheblich regionale Unterschiede mit 125,1 Tonsillektomien pro 10.000 Kinder im Süden der USA verglichen mit 28,9 pro 10.000 im Westen der USA. In kleinen/mittleren Metropolregionen war die Tonsillektomierate signifikant höher (118,4 pro 10.000) als in zentralen Großstadtregionen (42,1 pro 10.000). Eindeutige Gründe für die hohe Variationsbreite konnten nicht aufgeführt werden, spekuliert wurde mit der Erreichbarkeit eines HNO-Arztes, sozialen Unterschieden und der unterschiedlichen Vergütung.

5.6 Kniegelenksersatz

Nach einem Bericht der Bertelsmann Stiftung (Hemschemeier et al. 2018) ist die Anzahl der Knieprotheseneingriffe bundesweit seit 2013 stark gestiegen. Gab es 2013 noch 142.546 Knieprothesenerstimplantationen, waren es im Datenjahr 2016 168.898. Besonders auffällig war die Zunahme bei den unter 60-Jährigen: 2016 bekamen 31 % mehr Patienten aus dieser Altersgruppe ein künstliches Kniegelenk als noch 2009. Vor allem jüngere Patienten haben jedoch ein hohes Risiko, dass das Gelenk im Lauf ihres Lebens nochmals oder sogar mehrfach ausgetauscht werden muss. Diese Revisionsoperationen sind komplikationsträchtig und können sehr belastend sein. Der Einsatz des ersten Kunstgelenkes sollte deshalb so lange wie möglich mit Hilfe konservativer Therapien hinausgezögert werden. Die Recherche ergab, dass finanzielle Anreize für Kliniken und niedergelassene Ärzte die Häufigkeit von Knieoperationen beeinflussen. Dafür sprechen auch die großen regionalen Unterschiede, die in Tab. 1.6 zu beobachten waren.

Über den Einsatz von Knieprothesen weltweit liegt eine Übersicht im Lancet von Price et al. (2018) vor. Kernbotschaften waren u. a.:

- Das Durchschnittsalter von Patienten mit Knieersatz liegt bei 65 Jahren, aber zunehmend werden Knieprothesen auch bei jüngeren Patienten eingesetzt.
- 80–85 % der Patienten haben eine erfolgreiche Behandlung, charakterisiert durch reduzierten Schmerz, verbesserte Funktion und gesteigerte Lebensqualität.
- 15–20 % sind unzufrieden mit dem Ergebnis, charakterisiert durch weiter bestehende Schmerzen und schlechte Funktion.
- Nach Einsatz einer Knieprothese hat ein 65-Jähriger ein Risiko von 7 %, während seines Lebens einen Revisionseingriff zu benötigen, aber dieses Risiko steigt substanziell an bei jüngeren Altersgruppen. Der zunehmende Trend, den Knieersatz auch bei jüngeren Patienten zu indizieren, wird die Zahl der Revisionseingriffe unweigerlich ansteigen lassen.
- Die wesentlichen Gründe für einen Revisionseingriff sind Implantatlockerung, Infektion, Schmerz und Instabilität.

Diese Autoren haben auch auf die große internationale Variation bei der Zahl der Eingriffe hingewiesen, mit berichteten Interventionsraten von 255–263 pro 100.000 Einwohner in Deutschland und der Schweiz, verglichen mit 127 pro 100.000 in den USA, wobei bei der Varianz eine eindeutige Korrelation zu dem Bruttosozialprodukt eines Landes besteht. Die Daten lassen den Schluss zu, dass die Variation von ökonomischen Gegebenheiten, der Art des Gesundheitssystems, der Kostenerstattung sowie von Präferenzen von Patient und Chirurg abhängig ist. Es sei notwendig, die unerwünschten Variationen in der Häufigkeit der Eingriffe zu reduzieren.

Eine Analyse zu der regionalen Variation der Raten an Knie- und Hüftprothesen innerhalb der Schweiz legten Wertli et al. (2020) vor. Sie gaben an, dass im Vergleich der OECD-Länder die Schweiz die höchste Rate an Knie- und Hüftprothesen habe. Für Knieprothesen nannten sie eine alters- und geschlechtsstandardisierte Rate von 255 pro 100.000 Personen, mit einer regionalen Spanne von 185–387 pro 100.000. Beeinflusst wurden die Eingriffsraten von Alter, Geschlecht, Sprache und sozioökonomischen Faktoren wie Versicherungsstatus und Schweizer Bürgerschaft. Sie ließen sich aber nicht zu der Zahl der orthopädischen Chirurgen korrelieren. Die Autoren nannten als Gründe für die hohen Eingriffsraten den leichten Zugang des Versicherungsnehmers zur medizinischen Versorgung mit einer kompletten Abdeckung aller Kosten in der Schweiz, daneben die Zahl der Krankenhausbetten und finanzielle Anreize.

Über die hohe regionale Variation der Zahl der Knieprothesenimplantationen in den USA berichteten Ward und Dasgupta (2020) anhand der Daten von mehr als 24 Mio. Medicare-Versicherten in den Jahren 2011–2015. Im Jahr 2011 wurden 239.950 primäre Knietotalprothesen implantiert bei 28,808.011 Versicherten, im Jahr 2015 waren es 262.013 Prothesen bei 30,177.710 Versicherten. Über den gesamten Zeitraum betrug die Rate an Knieprothesenimplantationen 9,3 pro 1000 Personenjahre, wobei die Raten regional bis um ca. das 3-Fache abwichen. Regional höhere Eingriffsraten wurden u. a. in Gegenden mit mehr Chirurgen pro Einwohnerzahl beobachtet, darüber hinaus in Gegenden mit höheren Eingriffsraten bei Demenz, peripherer arterieller Verschlusskrankheit und Hautulzera, also Indikationen, die relative Kontraindikationen bei Knieprothesenimplantation darstellen. Die Daten belegten den übermäßigen Einsatz („overuse") von Knieprotheseneingriffen in einzelnen Regionen der USA. Ward (2022) hat auch die geografischen Unterschiede in den USA bei der Häufigkeit der Knieprothesenimplantationen bei jüngeren Patienten analysiert, sie waren in gleicher Weise wie bei den älteren (Medicare) Patienten zu beobachten.

Adipositas und Übergewicht gelten als wesentliche Risikofaktoren für eine Kniegelenksarthrose, wie Zheng und Chen (2015) in einer systematischen Übersicht mit Metaanalyse belegten. Das relative Risiko einer Kniegelenksarthrose ist bei Übergewichtigen 2,5-mal und bei Adipösen (BMI $\geq$ 30 kg/m^2) 4,6-mal höher als bei Normalgewichtigen und steigt weiter um 35 % an bei einer Zunahme des BMI um 5 kg/m^2. Inwieweit demnach eine Gewichtsreduktion die Inzidenz von Knie- und Hüftgelenksersatz reduzieren könnte, untersuchten Jin et al. (2021) in einer prospektiven Studie. Nach Adjustierung ihrer Daten ergab sich, dass Patienten, die ihr Gewicht um > 7,5 % reduzierten, ein geringeres Risiko einer Knieprothesenimplantation im Vergleich zur Kontrolle aufwiesen. Die Autoren berechneten die Beziehung zwischen Gewichtsreduktion und Risiko des Kniegelenksersatzes mit 1 % Reduktion des Körpergewichts und dabei Reduktion des Kniegelenkersatzrisikos um 2 %. Der Kniegelenkersatz sollte folglich den übergewichtigen und adipösen Patienten vorbehalten bleiben, bei denen alle Maßnahmen, das Körpergewicht zu reduzieren, versagen.

5.7 Hüftgelenksersatz

Analog zum Kniegelenksersatz variieren auch die Zahlen zu dem Einsatz von Hüftgelenksendoprothesen international ganz erheblich. Jennison et al. (2023) analysierten OECD-Daten der Jahre 2008–2018. Im Mittel wurden in den OECD-Ländern 191,5 Hüftgelenksersatzoperationen pro 100.000 Einwohner im Jahr 2018 durchgeführt, am meisten mit 310,6 Eingriffen in Deutschland, gefolgt von der Schweiz mit 307,3 Hüftprothesen pro 100.000. Schlusslicht war Mexiko mit 8,6 pro 100.000. Bezogen auf die Bevölkerung über 65 Jahre wurden die meisten Eingriffe in der Schweiz vorgenommen (1690 pro100.000), gefolgt von Österreich mit 1600. Auch hier war Mexiko das Schlusslicht mit 120 pro 100.000. Die Anzahl der Hüftgelenksimplantationen korrelierte mit den Gesundheitsausgaben eines Landes insgesamt, über die Indikationen konnten die Autoren keine Angaben machen.

Jensen et al. (2024) berichteten über die Eingriffszahlen bei Hüftgelenksfraktur und Hüftgelenksersatz in Dänemark in den Jahren 1996–2018. In diesem Zeitraum ist der Prozentsatz an Hüftgelenksimplantationen wegen Arthrose bei 75- bis 99-Jährigen um 60–100 % gestiegen, am meisten bei den 80- bis 94-Jährigen (relativ um 75–100 %). Die Analyse machte den Zusammenhang zwischen Eingriffszahlen und Alter der Bevölkerung deutlich, die Indikationen wurden auch bei Patienten in hohem Alter nicht infrage gestellt (das Alter limitierte die Indikationen zum Eingriff nicht). Geografische Unterschiede wurden nicht dargestellt.

Heath et al. (2022) verglichen in Australien die Indikationen bei Patienten, die in Privatkliniken oder kommunalen Krankenhäusern einem Hüftgelenk- oder Kniegelenkersatz unterzogen wurden. Sie kamen zu dem Schluss, dass die Indikationen in beiden Organisationen von den Chirurgen identisch gestellt wurden, allerdings waren Schmerz und Funktion bei den in Privatkliniken behandelten Patienten präoperativ besser als bei den Patienten, die in öffentlichen Krankenhäusern versorgt wurden. Inwieweit eine Selektion aufgrund der Zugangsmöglichkeit zu einer Privatklinik bestand, ließen die Autoren offen.

Der National Health Service (NHS) hat für England für die verschiedensten Diagnosen und Eingriffe einen „Atlas of Variation in Healthcare" (2016) publiziert, wie dies in Deutschland bisher nicht vorliegt. Ziel ist es, die Rate an unerwünschten Variationen zu senken und damit die Qualität zu steigern. Dort wird eine regionale Varianz an primären Hüftprothesenimplantationen von 55–208 genannt, mit einem 2,6-fachen Unterschied nach Bereinigung der Daten (unbereinigt 3,8-facher Unterschied). Garriga et al. (2019) haben zusätzlich die Variationen in den Ergebnissen nach Hüftgelenksersatz bei 173.107 Patienten in England analysiert. In dieser Studie waren die Ergebnisse von der Erfahrung des Chirurgen abhängig, mit besseren Ergebnissen bei Hochvolumenchirurgen und in Hochvolumenkrankenhäusern und besseren Ergebnissen in den Privatkliniken im Vergleich zu öffentlichen Krankenhäusern, wobei allerdings die öffentlichen Krankenhäuser eine größere Anzahl schwierigerer komplexer Eingriffe ausführten. Ein hoher Prozentsatz der Eingriffe von weniger erfahrenen Chirurgen war mit einem schlechteren Outcome assoziiert. Diese Variation wurde geografisch beobachtet.

Manderbacka et al. (2002) untersuchten regionale Unterschiede bei der Implantation von Hüft- und Knieprothesen in Finnland und versuchten, diese zu begründen. Die regionalen Unterschiede waren bei Knieprothesen größer als bei Hüftprothesen. Sozioökonomische Unterschiede erklärten bei der Implantation von Hüftprothesen 10 % und Variationen bei dem Schweregrad der muskuloskelettalen Erkrankung ca. 40 % der Variabilität. Inwieweit die Möglichkeit eines Zugangs zur Versorgung eine Rolle spielte, war offen.

Determinanten für die Versorgung der Bevölkerung mit Hüft- und Knieprothesen und die große Variabilität untersuchten Mota et al. (2012) anhand einer Literaturrecherche. Sie nannten folgende Einflussgrößen:

- Klinischer Status und Lebensqualität.
- Alter.
- Bereitschaft des Patienten, sich einer Operation zu unterziehen.
- Geschlecht (Frauen wurde – bei identischem Bedarf – von den Spezialisten seltener ein Eingriff empfohlen als den Männern).
- Ethnizität (ethnische Minderheiten erhalten in den USA seltener einen Gelenkersatz).
- „Post-secondary education" (jede Form der Bildung nach der Sekundarschule in den USA) ist mit einer höheren Wahrscheinlichkeit des Gelenkersatzes assoziiert.
- Geringeres Einkommen und mangelnde Krankenversicherung gehen mit weniger Gelenkersatzoperationen einher.
- Eigenverantwortung für die Gesundheit und das Körpergewicht sind mit einer geringeren Rate an Gelenkersatzoperationen assoziiert.
- Hausärzte und Spezialisten schätzen den Bedarf eines Gelenkersatzes bei den Patienten unterschiedlich ein. Generell empfehlen die Hausärzte höhere Schwellenwerte für den Gelenkersatz als die Spezialisten.

Zu der Frage der Bereitschaft, sich einer Knie- oder Hüftgelenkersatzoperation zu unterziehen, liegt des Weiteren für Deutschland eine Analyse von Postler et al. (2020) basierend auf Krankenkassendaten und Fragebögen vor. Auch hier wurde von der hohen geografischen Variation bei der Häufigkeit dieser Eingriffe ausgegangen. In dieser Untersuchung waren nur 17 % der Patienten mit Hüftgelenksarthrose und 14 % der Patienten mit Kniegelenksarthrose bereit, sich einer Gelenkersatzoperation zu unterziehen, obwohl 44 % bzw. 45 % einen solchen Eingriff bereits mit ihren behandelnden Ärzten diskutiert hatten. Der Prozentsatz an Patienten mit Gelenkersatzoperation war demnach deutlich geringer als die Zahl der Patienten, denen ein solcher Eingriff empfohlen wurde, und mag für die Variabilität der geografischen Häufigkeit eine Rolle spielen.

5.8 Bauchaortenaneurysma

Die Indikation zur elektiven prophylaktischen Versorgung eines asymptomatischen Bauchaortenaneurysmas (BAA), um so einer möglichen Ruptur vorzubeugen, hängt von der Größe des Aneurysmas ab. In allen internationalen Leitlinien (Debus et al. 2018; Wanhainen et al. 2024) wird die elektive Versorgung eines BAA bei Männern ab 5,5 cm Durchmesser, bei Frauen ab 5,0 cm empfohlen. Kleinere asymptomatische BAA sollen nicht versorgt werden, da das Operationsrisiko möglicherweise das Risiko einer Ruptur übersteigt.

Zur regionalen Varianz der Eingriffshäufigkeit bei nichtrupturiertem BAA in Deutschland nahmen Erk et al. (2020) anhand der fallbezogenen Krankenhausstatistik (DRG-Statistik) der Erhebungsjahre 2005–2014 Stellung. Es handelte sich um 94.452 Patientinnen und Patienten. In dieser Untersuchung wurde nach Siedlungsstruktur zwischen 4 Typen unterschieden: KT1 „kreisfreie Großstadt", KT2 „städtischer Kreis", KT3 „ländlicher Kreis mit Verdichtungsansätzen" und KT4 „dünnbesiedelter ländlicher Kreis". Die Krankenhausinzidenz betrug pro Berichtsjahr 12,4 pro 100.000 Einwohner in KT1, 11,8 in KT2, 10,8 in KT3 und 11,2 in KT4 (p<0,001 für Trend, fallend). Ein signifikanter Zusammenhang zwischen der Krankenhausmortalität und dem Kreistyp im Sinne eines Stadt-Land-Gefälles bestand aber nicht. Über die Indikation zum Eingriff (Größe des Aneurysmas) konnten keine Aussagen gemacht werden.

Hierzu publizierten Beck et al. (2016) auf Basis des Vergleichs von 11 internationalen Qualitätsregistern. In dieser Untersuchung wurde eine erhebliche Varianz bei der Indikationsstellung zur Versorgung nichtrupturierter BAA beobachtet: Während z. B. in Finnland und Schweden nur 13 % bzw. 16 % der Männer bereits bei einem BAA-Durchmesser < 5,5 cm versorgt wurden, waren es in den USA 40 % und in Deutschland (Spitzenplatz) sogar 43 %. Diese hohe Rate an Interventionen außerhalb der Leitlinien erklärten die Autoren mit finanziellen Interessen aufgrund des Abrechnungssystems.

Auch in einer Übersichtsarbeit (Castro-Ferreira 2019) über Publikationen der Jahre 2010–2018 zur Rate an Elektiveingriffen bei BAA in 14 Ländern nahm Deutschland bei den Operationen wegen BAA einen Spitzenplatz ein, obwohl die BAA-Prävalenz in den westlichen Ländern mit 1,2–2,8 % sehr ähnlich ist. Die jährliche Anzahl an Elektiveingriffen pro 100.000 Einwohner betrug in Ungarn 2,2, in Portugal 3,8, Spanien 5,3, Island 5,9, Finnland 6,5, Neuseeland 7,0, Großbritannien 7,8, Dänemark 10,0, Schweden 10,2, USA 13,3, Norwegen 14,8, in den Niederlanden 15,3, Italien 15,6 und in Deutschland 17,3. Das Entscheidende war aber: es konnte keine Beziehung zwischen hohen Raten an elektiven BAA-Versorgungen und dafür verringerten Raten an rupturierten BAA aufgezeigt werden, obwohl doch der Elektiveingriff gerade die Ruptur verhindern soll. Deutschland speziell mit der höchsten Rate an prophylaktischen Elektiveingriffen gehörte trotzdem zu den Ländern mit hoher BAA-Rupturrate.

Grima et al. (2020) haben für 9 Länder den Zusammenhang zwischen dem mittleren BAA-Durchmesser bei Versorgung eines intakten BAA und der Rate an rupturierten BAA analysiert. Die Indikationen variierten stark, mit den USA und Deutschland als einzigen Ländern, bei denen die intakten BAA im Mittel unter 60 mm Durchmesser versorgt wurden. Dies hatte aber keinen Einfluss auf die Inzidenz der rupturierten Aneurysmen. Die Botschaft war, dass Länder, die die Indikation zur Versorgung asymptomatischer Aneurysmen sehr großzügig stellen, dadurch nicht die Inzidenz rupturierter Aneurysmen proportional senken konnten. Aus dieser Untersuchung lässt sich folgern, dass es keine Hinweise dafür gibt, die Empfehlung der Leitlinien hinsichtlich der Operationsindikation zu übergehen.

Als Argument gegen den Vorwurf, unnötige Operationen durchgeführt zu haben, wird häufig vorgebracht, dass es auch andere Gründe als nur den Durchmesser des BAA bei der Operationsindikation zu berücksichtigen gelte. Dies haben Fan et al. (2023) analysiert. Sie fanden als weitere Gründe u. a. Aneurysmen der Beckenarterien, sakkuläre Aneurysmen oder eine schnelle Aneurysmaexpansion. In der Analyse der Vascular Quality Initiative mit 44.820 elektiven AAA-Versorgungen verblieben aber immerhin 13 % aller Elektiveingriffe in den USA ohne eine berechtigte Indikation, also eindeutig unnötige Operationen („overuse").

Als Ursache für die zahlreichen Eingriffe, die außerhalb der Leitlinienempfehlungen bei Patienten mit asymptomatischem Bauchaortenaneurysma durchgeführt werden, machten Holscher et al. (2021) auch den „Marktwettbewerb" aus. Ihre Studie zeigte, dass in verschiedenen Regionen der USA eine unterschiedliche Anzahl kleiner asymptomatischer Bauchaortenaneurysmen operativ behandelt wurde. Je größer der Marktwettbewerb (Anzahl der Anbieter = Ärzte, Krankenhäuser), desto häufiger wurden kleine Aneurysmen unterhalb der Leitlinienempfehlungen operativ versorgt. Eine definitive Erklärung wollten die Autoren nicht geben, aber es lässt sich vermuten, dass auch finanzielle Anreize eine Rolle spielten.

Hervorzuheben ist, dass unnötige Operationen dem Patienten nicht nur nichts nützen, sondern schaden können. In einer Analyse von 9675 Patienten der Vascular Quality Initiative, die nicht in Übereinstimmung mit den Leitlinien eine elektive endovaskuläre Versorgung eines BAA erhielten (38,5 % aller 25.112 Eingriffe) hatten Frauen eine erhöhte perioperative Morbidität, Reoperationsrate und nachfolgende Reinterventionsrate und eine erhöhte 30-Tage-Sterblichkeit im Vergleich zu den Männern. Die Autoren warnten davor, Frauen einem Eingriff außerhalb der Leitlinienempfehlungen zu unterziehen (Ilyas et al. 2022).

5.9 Extrakranielle Karotisstenose (Verengung der Halsschlagader)

Angaben zur regionalen Häufigkeit von Revaskularisationseingriffen bei Karotisstenose in Deutschland machten Kuehnl et al. (2018) anhand der fallbezogenen Krankenhausstatistik (DRG-Statistik) der Erhebungsjahre 2012–2014. Danach variierte die Frequenz über alle Eingriffe (Karotisendarteriektomie = CEA, Karotiss-

5.9 Extrakranielle Karotisstenose (Verengung der Halsschlagader)

tenting = CAS) zwischen 13,2 pro 100.000 Einwohner in Augsburg (Stadt) und 89,2 Eingriffen in Wilhelmshaven (Stadt). Die Frequenz der CEA variierte auf regionaler Planungsebene zwischen 13,5 (Südwestregion Schleswig-Holstein) und 48,3 (Ostregion Oberfranken) Eingriffen pro 100.000 Einwohner. Für die CAS gaben sie eine Varianz von 1,55 pro 100.000 Einwohner in der Region Schwarzwald-Baar-Heuberg bis zu 17,9 pro 100.000 Einwohner in der Südwestregion Schleswig-Holstein an. Insgesamt wurden CEA und CAS häufiger in Nord-Bayern, Mecklenburg/Westpommern und Nordrhein-Westfalen vorgenommen (44–89 pro 100.000 Einwohner) und seltener in Baden-Württemberg, östliches Niedersachsen und Schleswig-Holstein (13–27 pro 100.000 Einwohner). Die Untersuchung zeigte demnach eine hohe Varianz hinsichtlich Indikation und Verfahrenswahl bei Patienten mit Karotisstenose in Deutschland. Dies wirft Fragen auf, inwieweit die Leitlinienempfehlungen regional umgesetzt werden und die Behandlung in Deutschland bedarfsorientiert ist.

Kuehnl et al. (2024) berichteten in einer Qualitätssicherungsstudie auf Basis von 22.446 Patienten der Jahre 2014–2018, dass die Mehrzahl der Patienten mit Karotisstenose in Bayern (62 %) in öffentlichen Krankenhäusern mit CEA oder CAS versorgt wurden, gefolgt von Privatkliniken (17 %), Universitätskliniken (16 %) und Krankenhäusern unter gemeinnütziger Trägerschaft (6 %). Diese Häuser unterschieden sich in ihrem Anteil an asymptomatischen Patienten signifikant, mit 49 % in den Universitätskliniken, 52 % in den öffentlichen Krankenhäusern, 65 % in den Privatkliniken und 67 % in den gemeinnützigen Krankenhäusern, was für eine unterschiedliche Patientenselektion spricht.

Die Leitlinien definieren sowohl bei der symptomatischen wie asymptomatischen Karotisstenose die Operationsindikation recht genau (Eckstein et al. 2020). Trotzdem wird bei der asymptomatischen Karotisstenose die Indikation zum Eingriff (Karotisendarteriektomie = CEA, Karotisstenting = CAS) international sehr unterschiedlich gehandhabt, seit Studien und Metaanalysen belegt haben, dass die moderne medikamentöse Therapie, „best medical treatment" (BMT), definiert als Kombination von Thrombozytenaggregationshemmern, Antihypertensiva und Lipidsenkern, die meisten Patienten mit asymptomatischer Karotisstenose genügend vor einem Schlaganfall schützt, ohne Karotisintervention (Gasior et al. 2023). Venermo et al. (2017) untersuchten die internationale Varianz bei der Behandlung von Patienten mit Karotisstenose in 12 Ländern aufgrund von Registererhebungen. Es handelte sich insgesamt um 58.607 Eingriffe. Der Anteil des Stentings (CAS) reichte von 0 % (Finnland) bis 26 % (Schweden) bei den asymptomatischen Patienten und bei den symptomatischen Patienten von 0 % (Dänemark) bis 19 % (USA). Der Anteil der asymptomatischen Patienten an der Gesamtzahl der Eingriffe machte im Mittel 48 % aus, variierte aber von 0 % (Dänemark) bis 73 % (Italien). Länder, bei denen die Eingriffe direkt mit Gebühren pro Eingriff abgerechnet werden konnten, hatten einen höheren Anteil an asymptomatischen Patienten als Länder mit einem populationsbezogenen, gehälterbezogenen Abrechnungssystem. Darüber hinaus waren 15 % der asymptomatischen Patienten 80 Jahre oder älter, eine Population, die von den randomisierten Studien ausgeschlossen war und für die es kaum Daten gibt, die die (prophylaktische!) Behandlung mit CEA oder CAS unterstützen. Dass wirtschaftliche Interessen bei der Indikationsstellung bei asymptomatischen Patienten eine Rolle spielen, belegen die Unterschiede in der Indikationsstellung in Abhängigkeit vom Abrechnungssystem. Eine ähnliche Beobachtung machten Nguyen et al. (2017), indem sie die Häufigkeit der Eingriffe bei symptomatischer und asymptomatischer Karotisstenose nach dem „Anbieter" unterschieden. Sie konnten für die USA nachweisen, dass Patienten, die sich in einer Klinik mit direkter Abrechnung pro Eingriff („fee for service") vorstellten, eine signifikant höhere Wahrscheinlichkeit hatten, sich einer Operation zu unterziehen als Patienten, die sich in einer Klinik des Department of Defense Military Health System vorstellten, in der sie von Ärzten versorgt wurden, die über ihr festes Gehalt vergütet wurden. In diesem Zusammenhang sprachen die Autoren von einem durch die Anbieter induzierten Bedarf an Karotiseingriffen.

Eine hohe Varianz in der Häufigkeit der Eingriffe bei Karotisstenose berichteten für die USA auch Dakour-Aridi et al. (2023) bei ihrer Analyse von insgesamt 126.768 Karotisrevaskularisationen in 19 geografischen Regionen. Sie führten die Unterschiede einerseits auf mangelnde Standardisierung und Nichteinhalten von Leitlinien zurück, betonten aber andererseits, dass sich keine signifikanten Ergebnisunterschiede zwischen den Regionen nachweisen ließen. Es bestätigten sich damit bereits frühere Untersuchungen von Shean et al. (2017), die auf Basis von 57.555 Karotisrevaskularisationen der Vascular Quality Initiative (VQI) das weite Spektrum der Indikationsstellung bei Revaskularisierungen bei asymptomatischer Karotisstenose aufzeigen konnten. Sie nannten bei CEA einen Anteil an Eingriffen bei asymptomatischen Patienten von 46–69 % und bei CAS von 29–51 % in 17 unterschiedlichen Regionen der USA. Darüber hinaus führten sie noch weitere Abweichungen von den Leitlinien auf, was den Bedarf an Qualitätssicherungsmaßnahmen belegt, die verstärkt auf Einhaltung der Leitlinien bei Behandlung der Karotisstenose drängen.

5.10 Prostatakarzinom

Für Patienten mit Hochrisiko- oder lokal fortgeschrittenem Prostatakarzinom kommen sowohl Strahlentherapie als auch die radikale Prostatektomie als radikale lokale Behandlungsverfahren in Betracht. Watchful Waiting, eine abwartende Haltung bis zum Fortschreiten der Symptomatik, wird generell nur für Männer empfohlen, deren Lebenserwartung unter 10 Jahren liegt. Wie die Behandlung des Hochrisiko- oder lokal fortgeschrittenen Prostatakarzinoms in England variiert, untersuchten Parry et al. (2023). Von 53.888 Männern mit Hochrisiko- oder lokal fortgeschrittenem Prostatakarzinom hatten lediglich 35.034 (65,0 %) eine radikale lokale Behandlung. Die Varianz der radikalen Behandlung in 128 Krankenhäusern war sehr hoch und reichte von 35,5–81,9 %. Für Männer im Alter von ≥ 80 Jahren reichte der Anteil der radikalen Behandlungen von 0–51,9 %, im Alter von 75–79 Jahren von 13,6–94,8 % und für Männer unter 70 Jahren von 50,3–94,2 %. Die Wahrscheinlichkeit einer radikalen Behandlung war bei jüngeren Männern größer (stärkster Prädiktor) sowie bei Patienten mit weniger Komorbiditäten und bei Patienten mit nichtschwarzer Ethnizität.

Für Deutschland berichteten Medenwald et al. (2020) über die Varianz von Prostatektomie und Strahlentherapie als Erstbehandlung des Prostatakarzinoms. Sie beobachteten, dass keine aktive Therapie (weder Strahlentherapie noch Chirurgie) in Ostdeutschland stärker favorisiert wurde als im Westen. Gleichermaßen hatten Patienten, die in Bezirken wohnten, wo sowohl Strahlentherapie als auch Urologie vorgehalten wurden oder wo ein zertifiziertes Krebszentrum vorhanden war, die größere Wahrscheinlichkeit, keine aktive Behandlung zu erhalten. Dies führten die Autoren auf eine bessere Infrastruktur für das Watchful Waiting zurück. Die Wahrscheinlichkeit einer Prostatektomie war invers assoziiert mit dem Vorhandensein einer Strahlentherapie verglichen mit Bezirken, bei denen keine der beiden Behandlungsoptionen vorhanden war. In Ostdeutschland erhielten die Patienten häufiger eine chirurgische Therapie. Letztlich wurde die Therapie von den Behandlungsmöglichkeiten beeinflusst.

Es gibt nicht nur die großen Varianzen bei der Überbehandlung, sondern auch bei der Unterbehandlung. Dies berichteten Abera et al. (2022) für die Hormontherapie bei der Behandlung des lokalisierten Hochrisikoprostatakarzinoms in Deutschland. Die Autoren beobachteten, dass nur 27,6 % von 5361 Patienten, die weder mit radikaler Prostatektomie noch mit Chemotherapie behandelt worden waren, eine Hormontherapie zusammen mit der Strahlentherapie erhielten. Die kombinierte Hormontherapie mit Strahlentherapie variierte von 19,8 % in Sachsen bis 47,8 % in Schleswig-Holstein. Eine eindeutige Erklärung für die großen Unterschiede bei der Befolgung der Leitlinien gaben die Autoren nicht.

Hager et al. (2015) verglichen die Behandlung von Patienten mit Niedrigrisikoprostatakarzinom in den USA (n = 132.506) mit der in Deutschland (n = 54.159) für die Jahre 2004–2011. Die Behandlung variierte ganz erheblich zwischen den USA und Deutschland: radikale Prostatektomie 36,1 % vs. 66,2 %, Radiotherapie 38,4 % vs. 11,8 % und keine aktive Therapie 24,2 % vs. 16,2 %. Die Autoren weisen darauf hin, dass die großen Unterschiede, was Operation und Strahlentherapie angeht, auch auf den unterschiedlichen Gesundheitssystemen beruhten: In Deutschland stellen sich die meisten Patienten mit Prostatakarzinom dem Urologen vor und werden dann zur Operation oder Strahlentherapie überwiesen, während in den USA integrierte Prostatazentren etabliert sind, in denen der Urologe einen Anteil in der Strahlentherapieeinrichtung erwirbt, zu der er seine Patienten einweist. Dies führt möglicherweise zu einer strahlentherapeutischen Überbehandlung.

Über die Behandlungsvarianz bei klinisch lokalisiertem Prostatakarzinom in Abhängigkeit von der Wohngegend der Patienten berichteten Cary et al. (2016) für die USA anhand von 138.226 Männern. Patienten, die in einer Metropolgegend lebten, hatten eine 23 % höhere Odds, chirurgisch oder strahlentherapeutisch behandelt zu werden, verglichen mit Männern in ländlichen Gegenden. Dabei wurden die Daten für die Zahl der Urologen bereinigt, die demnach nicht für die Unterschiede verantwortlich waren. Die Autoren weisen auf die erheblichen Unterschiede in der Kostenerstattung bei den verschiedenen Therapieoptionen, vor allem bei der Art der Strahlentherapie, hin. Des Weiteren nannten sie die Varianz lokaler Ressourcen, die mehr als medizinische Gründe den Behandlungsentscheid beeinflussen kann.

Inwieweit Determinanten des Gesundheitssystem für Variationen bei der Behandlung von Medicare-Patienten mit neu diagnostiziertem Prostatakarzinom verantwortlich sind, untersuchten Krampe et al. (2023) bei 62.507 Männern in den USA. Bei den Behandlungsanbietern unterschieden sie nach kleinen, mittleren und großen Praxen sowie multidisziplinären Gruppen und Krankenhäusern. Die größten Behandlungsunterschiede ergaben sich für Männer mit hohem und sehr hohem Risiko für eine nichttumorbedingte Sterblichkeit (Behandlungsraten 57–71 % für Patienten mit hohem und 41–61 % für Patienten mit sehr hohem Risiko). Der Gesundheitsanbieter war für 13–15 % der Variationen bei Patienten mit geringem oder mittlerem Risiko einer nichttumorbedingten Sterblichkeit innerhalb 10 Jahren verantwortlich, bei Patienten mit hohem und sehr hohem Risiko einer nichttumorbedingten Sterblichkeit waren es 26–40 %. Die Botschaft war, dass Domänen des Gesundheitssystems wie finanzielle Anreize, ärztliche Organisation und der Gesundheitsmarkt als solcher einen großen Teil der Variationen bei der Behandlung von Prostatakarzinompatienten mit hohem oder sehr hohem Risiko einer nichttumorbedingten Sterblichkeit bestimmen (d. h. also bei Patienten, bei denen die Wahrscheinlichkeit sehr hoch ist, dass sie auch ohne Operation oder Strahlentherapie an anderen Ursachen als an ihrem Prostatakarzinom versterben werden. Dies wären Patienten, die der aktiven Überwachung zugeteilt werden sollten).

Unterschiede in der Häufigkeit der „aktiven Überwachung" bei Patienten mit Prostatakarzinom geringen Risikos berichteten Cooperberg et al. (2023) für die USA auf Basis von 20.809 Patienten. Der Anteil an Patienten mit einer Erkrankung niedrigen Risikos, die mit aktiver Überwachung behandelt wurden, reichte auf Praxisniveau von 4–78 % und bei den Ärzten von 0–100 %. Weder der Praxisumfang noch die Dichte an praktizierenden Ärzten hatten auf die Odds einer aktiven Überwachung einen Einfluss. Eine höhere Anzahl an Urologen pro Kopf war zwar mit einer niedrigeren Odds an aktiver Überwachung assoziiert, jedoch war dies statistisch nicht signifikant. Die Daten zeigten zwar einen Anstieg der aktiven Überwachung bei Patienten mit Prostatakarzinom mit niedrigem Risiko im Vergleich zu früheren Untersuchungen, weiterhin war die Variation aber erheblich und die Überbehandlung dieser Patienten hoch.

Geografische Unterschiede werden aber nicht nur für die USA berichtet, sondern auch für Länder mit vergleichsweise geringer Population wie Norwegen. Gustavsen et al. (2024) berichteten über 5186 Patienten, die eine kurative Behandlung eines Prostatakarzinoms erhielten (radikale Prostatektomie n = 1560; Radiotherapie n = 3626). Die Behandlung mit einer radikalen Prostatektomie schwankte in den einzelnen Regionen von 7–64 % und war von den Präferenzen von Arzt und Patient abhängig. Die Odds für eine kurative Behandlung erhöhten sich mit steigendem Einkommen und Bildungsgrad und sanken ab bei alleinlebenden Männern und zunehmendem Alter und Gebrechlichkeit. Sozioökonomische Faktoren beeinflussten demnach wesentlich die Therapiewahl.

Geografische Unterschiede in der interventionellen Behandlung des Prostatakarzinoms untersuchten Cameron et al. (2023) für Australien. Die Behandlung mit einer radikalen Prostatektomie war in entfernt liegenden Gegenden niedriger (12,2 pro 10.000 Personenjahre) verglichen mit regionalen und größeren Stadtgebieten (dort 15,0–15,9 pro 10.000 Personenjahre). In sozioökonomisch benachteiligten Gegenden war die Rate geringer als in den bessergestellten (12,9 pro 10.000 Personenjahre vs. 19,1 pro 10.000). Die Behandlungsunterschiede spiegelten demnach das Tumorstadium bei Diagnosestellung, Komorbiditäten, die finanzielle Situation des Patienten, die geografische Nähe zu den Behandlungsmöglichkeiten und den sozioökonomischen Status des Patienten wider.

5.11 Sectio caesarea

Eine Sectio caesarea geht mit einer Zunahme von mütterlichen und kindlichen Risiken einher und sollte nur bei eindeutigen Vorteilen durchgeführt werden. Trotzdem werden weltweit ansteigende Kaiserschnittraten berichtet. Molina et al. (2015) analysierten Daten aller 194 Mitgliedsstaaten der WHO aus den Jahren 2005–2012. Referenzjahr war das Jahr 2012 mit Daten aus 54 Ländern, sie schätzten die Zahl der Kaiserschnittentbindungen auf 22,9 Mio. Die neonatale Sterblichkeit war in Ländern mit ansteigender Kaiserschnittentbindungsrate niedriger bis zu einem Kumulationspunkt von 19,4 Kaiserschnittentbindungen pro 100 Lebendgeburten. Höhere Kaiserschnittentbindungen führten zu keinem besseren Ergebnis. Die optimale Rate an Kaiserschnittentbindungen in Bezug auf neonatale und mütterliche Sterblichkeit lag bei 19 Kaiserschnittentbindungen pro 100 Lebendgeburten. 19 Kaiserschnittentbindungen auf 100 Lebendgeburten können nach dieser Untersuchung als Zielraten für medizinisch indizierte Kaiserschnittentbindungen im Ländervergleich empfohlen werden. Wie Tab. 2.7 zeigt, liegen aber einerseits in vielen OECD-Ländern, so auch in Deutschland, die prozentualen Kaiserschnittentbindungen deutlich höher. Andererseits werden sie in Nachbarländern wie Dänemark, Frankreich oder den Niederlanden eingehalten. Die Gründe sind vielfältig, finanzielle Anreize werden sehr häufig für die Varianzen genannt.

Bragg et al. (2010) gingen der Rate an Kaiserschnittentbindungen in England im Jahr 2008 nach. Sie nannten für 620.604 Entbindungen eine Kaiserschnittrate von 24 % (9,3 % elektiv und 14,5 % notfallmäßig). Die Rate an Kaiserschnittentbindungen pro 100 Geburten variierte in den Krankenhäusern ganz erheblich und reichte von 13,6–31,9 %, adjustiert von 14,9–32,1 %. Sie führten die Unterschiede v. a. auf die unterschiedlichen Raten an notfallmäßigen Kaiserschnittentbindungen zurück, die von 10,7–18,9 % reichten. Weitere Gründe wurden nicht angegeben.

Die Kaiserschnittrate in Finnland untersuchten Pallasmaa et al. (2013). Sie schwankte zwischen den einzelnen Krankenhäusern signifikant zwischen 12,9 % und 25,1 %. Die Autoren gaben die mütterliche Komplikationsrate mit 27,2 % (Spanne 13,0–36,5 %) an und beobachteten, dass höher Kaiserschnittraten nicht zu einem besseren Outcome der Mütter oder Neugeborenen führten. In dieser Untersuchung hatten einige der Krankenhäuser mit dem besten mütterlichen und neonatalen Outcome die niedrigsten Kaiserschnittraten. Die Botschaft war, dass ein gutes mütterliches und neonatales Ergebnis mit Kaiserschnittraten unter 15 % erreicht werden könne.

Mesterton et al. (2017) nannten für Schweden in 7 Regionen bei 139.756 Entbindungen eine Kaiserschnittrate von 16,9 %, mit einer Varianz in den einzelnen Krankenhäusern von 12,1–22,6 %. Sie adjustierten die Daten nach Case-mix und Patientenpopulation, trotzdem blieben signifikante Unterschiede zwischen den Krankenhäusern bestehen. Die Autoren folgerten, dass wenigstens 2200 Kaiserschnitte unnötig waren, mit Kosten von jährlich € 7 Mio. Hinzu kämen die höheren Kosten, die nach Kaiserschnitt aufgrund höherer Wiederaufnahmeraten und Kosten bei zukünftigen Entbindungen zu erwarten seien.

Für Dänemark liegt eine populationsbasierte Untersuchung von Wehberg et al. (2018) zur Varianz bei der Kaiserschnittrate vor, basierend auf 226.612 Geburten in 29 Einrichtungen. Der mediane Anteil an notfallmäßigen Kaiserschnitten bei den Entbindungen betrug 12,7 %, mit einer Spanne von 7,0–17,1 %. Für elektive Kaiserschnitte wurde eine mittlere Rate von 8,5 % genannt, Spanne 3,6–10,6 %. Die Kaiserschnittrate wurde insgesamt für die Geburten der Jahre 2009–2012 als stabil bezeichnet, mit 20–21 %.

Kozhimannilet al. (2013) untersuchten die Rate an Kaiserschnittentbindungen in 593 US-amerikanischen Krankenhäusern. Sie fanden Variationen um das 10-Fache, von 7,1–69,9 %. Selbst bei Frauen mit geringem Risiko ergaben sich noch Unterschiede von 2,4–36,5 %, die die Autoren v. a. auf das Abrechnungssystem und damit finanzielle Interessen zurückführten. Auf große geografische Unterschiede in der Sectiorate in den USA machten auch Henke et al. (2014) aufmerksam. Sie beobachteten, dass speziell Frauen mit privater Versicherung häufiger über Kaiserschnitt entbunden wurden (18,9 %) als allgemeinversicherte Medicaid-Patientinnen (16,4 %). Die Ausnahme waren Frauen unter 18 Jahren, die die größere Wahrscheinlichkeit eines Kaiserschnitts hatten, wenn sie Medicaid versichert waren, während privatversicherte Frauen eher vaginal entbunden wurden. Bei den privatversicherten Frauen stieg darüber hinaus die Kaiserschnittrate mit der Zahl der Geburtshelfer/Gynäkologen pro 100.000 Einwohner an – je mehr Anbieter in einer Region, desto mehr Kaiserschnitte. Dies galt nicht für Frauen, die lediglich Medicaid versichert waren. Die Autoren kamen zu dem Schluss, dass die hohen Variationen bei der Kaiserschnittrate u. a. durch „Marktcharakteristika" beeinflusst wurden, was aus finanziellen Gründen zu einer übermäßigen Rate an Kaiserschnitten führt.

Zu der Beziehung zwischen Kaiserschnittrate und Privatversicherung gibt es auch eine systematische Übersicht mit Metaanalyse (Hoxha et al. 2017). 18 Veröffentlichungen (23 Studien) mit 12,9 Mio. Frauen gingen in die Analyse ein. Die adjustierte Odds für eine Entbindung über Kaiserschnitt war 1,13 höher, wenn die Patientinnen privatversichert waren im Vergleich zu Frauen mit allgemeiner Versicherung, ohne Heterogenität der Studien. Die Autoren wiesen darauf hin, dass bereits früher multiple Studien haben zeigen können, dass Krankenhäuser durch finanzielle Anreize motiviert werden und dafür empfänglich sein können, dies gelte allgemein und hier speziell für die Kaiserschnittrate.

Eine besonders hohe Varianz bei der Kaiserschnittrate wurde in Kalifornien beobachtet. Main et al. (2020) gaben für 99.441 Erstgebärende in 238 Kliniken die Rate an Kaiserschnitten mit im Mittel 32,2 % und einer Varianz von 18,5–84,6 %

an. Diese weite Spanne ließ sich nach Adjustierung der Daten medizinisch nicht erklären, sodass lediglich Unterschiede in Praxisstil und Kultur als Gründe übrig blieben, was mit finanziellen Anreizen wohl gleichgesetzt werden muss.

5.12 Fazit

Bereits 1982 wiesen Wennberg et al. (1982) von der Dartmouth Medical School auf die verblüffende Tatsache hin, dass große Unterschiede in der Häufigkeit der durchgeführten chirurgischen Eingriffe pro Kopf bei benachbarten Populationen zu beobachten sind, die mit allen verfügbaren Messmethoden nachweislich ganz ähnlich hinsichtlich Notwendigkeit und Zugang zur Dienstleistung strukturiert sind. Sie belegten, dass die Variationen zu einem großen Teil auf Unterschieden zwischen den Ärzten hinsichtlich der Bewertung der Patienten und ihrer Diagnosen sowie der Meinung der Ärzte hinsichtlich dem Nutzen der Prozeduren für die Bedürfnisse ihrer Patienten (Therapie) beruhen. Ihre Hypothese nannten sie die fachbezogene Unsicherheitshypothese.

Ein wesentlicher Grund, warum so große Variationen bestehen, ist der Tatsache geschuldet, dass es sich bei dem „Gesundheitsmarkt" nicht um einen echten Markt handelt, in dem üblicherweise der Käufer a) weiß, was er wünscht, b) die Effektivität der Waren und Dienstleistungen, die er erwerben will, kennt, c) den Preis kennt, zu dem Waren oder Dienstleistungen erworben werden können, und 4) diese Informationen nutzt, um eine möglichst hohe Zufriedenheit zu erreichen. Bei der Gesundheitsversorgung sind diese Voraussetzungen nicht gegeben. Der „Kunde" (Patient) kann den Wert der Waren und Dienstleistungen hinsichtlich seiner Bedürfnisse oder hinsichtlich ihres Nutzens nicht in üblicher Weise unterscheiden und kann folglich nicht bei dem günstigsten Preis „einkaufen". In diesem speziellen Markt ist der „Verkäufer", ein Arzt, auch gleichzeitig Agent des Käufers. Der Arzt definiert die Bedürfnisse und diagnostischen Untersuchungen, bewertet Behandlung und Preise und macht stellvertretend für den Patienten Nützlichkeitsbewertungen. Aufgrund professioneller Kontrolle und Information ist der Arzt in seiner Rolle als Agent des Patienten in der Lage, den Bedarf zu manipulieren. Die großen regionalen Unterschiede innerhalb Deutschlands und die Unterschiede zwischen den OECD-Ländern bei der Zahl der hier ausgewählten Eingriffe unterstützen diese Hypothese.

Was die Variationen angeht, so können sie verschiedene Ursachen haben, wie unterschiedliche Krankheitsinzidenzen, unterschiedliche Behandlungsmöglichkeiten und Behandlungseinrichtungen, eine unterschiedliche Alters- und Sozialstruktur der Bevölkerung oder eine unterschiedliche Anzahl an behandelnden Ärzten. Beispiele finden sich in der vorliegenden Untersuchung, wenn die Zahl der Koronarangiografien mit der Zahl der Herzkatheterlabors ansteigt und in verschiedenen Ländern eine eindeutige Korrelation zwischen der Häufigkeit der radikalen Behandlung des Prostatakarzinoms und der Zahl der Urologen/Strahlentherapeuten besteht.

Es war nicht das Ziel dieser Untersuchung – und es lag auch außerhalb ihrer Möglichkeiten –, die hohe Varianz der Behandlungszahlen im Einzelnen zu begründen, auffällig ist aber, dass Deutschland bei den Behandlungszahlen stets einen Spitzenplatz einnimmt, was dann auch die Kosten des Gesundheitssystems entsprechend ansteigen lässt, – und nicht politisch als selbstverständlich und notwendig deklariert werden sollte, sondern eher tiefer gehend begründet werden müsste, zumal die Lebenserwartung der Bevölkerung mit den hohen Kosten nicht korreliert. Die Zahl der unangebrachten Eingriffe („inappropriate use") ist zwar nur schwer zu ermitteln, Leape et al. (1990) hatten dies aber in den USA erstmals aufgrund geografischer Unterschiede überzeugend für Koronarangiografie, Karotisendarteriektomie und Endoskopie des oberen Gastrointestinaltrakts getan. Sie nannten für einzelne Bezirke eine unangebrachte Rate an Koronarangiografien von 8–75 %, für Karotisendarteriektomie von 0–67 % und für die Endoskopie von 0–25 %. Auffallend ist, dass auch in der vorliegenden Untersuchung länderübergreifend die Koronarangiografie und Karotisendarteriektomie bei asymptomatischer Karotisstenose eine hohe Varianz aufwiesen, ebenso wie die Versorgung des Bauchaortenaneurysmas. Für letzteres fand sich in Deutschland ein Spitzenplatz, der nicht zuletzt dadurch erreicht wurde, dass 43 % der Eingriffe außerhalb der Leitlinien erfolgten. Die Autoren machten hierfür auch das Abrechnungssystem verantwortlich, wenn speziell Länder mit festen Arztgehältern niedrigere Eingriffsraten aufwiesen als Länder, bei denen pro Eingriff bezahlt wurde und das Einkommen von Krankenhäusern und Ärzten mit der Zahl der Eingriffe steigt.

Abschließend sei angemerkt, dass die Pionierarbeiten von Wennberg und Gittelsohn (1973) in der Erstellung des Dartmouth Atlas of Health Care mündeten. Dieser Atlas berichtet regelmäßig über Ursachen und Konsequenzen von geografischen und Krankenhausvariationen bei der Gesundheitsversorgung in den USA. Die Variationen sind häufig unerwünscht und reflektieren weder die Patientenbedürfnisse noch Patientenanforderungen und sind stattdessen von externen Faktoren wie der ärztlichen Präferenz und dem lokalen Angebot an Ressourcen beeinflusst. Wenn Bronner und Goodman (2022) schreiben: „Unnötige Behandlung hat negative Konsequenzen für Patienten, Bevölkerung und das Gesundheitssystem in Form von potenziellen unerwünschten Nebenwirkungen, Ausschuss und Ungerechtfertigkeiten", so trifft das den Kern. Die Erstellung eines solchen Atlasses für Deutschland in regelmäßigen Abständen und seine Diskussion mit Kostenträgern und Krankenhausverantwortlichen wäre ein Weg, den offensichtlich zahlreichen unnötigen Behandlungen näherzutreten.

Anhang

Literatur

Abera SF, Bedir A, Glowka A, Vordermark D, Medenwald D. Suboptimal use of hormonal therapy among German men with localized high-risk prostate Cancer during 2005 to 2015: analysis of registry data. BMC Cancer. 2022;22:624. https://doi.org/10.1186/s12885-022-09677-z.

Aboyans V, Ricco JB, Bartelink MEL et al. 2017. ESC Guidelines on the Diagnosis and Treatment of Peripheral Arterial Diseases, in collaboration with the European Society for Vascular Surgery (ESVS): document covering atherosclerotic disease of extracranial carotid and vertebral, mesenteric, renal, upper and lower extremity arteries. Endorsed by: the European Stroke Organization (ESO) The Task Force for the Diagnosis and Treatment of Peripheral Arterial Diseases of the European Society of Cardiology (ESC) and of the European Society for Vascular Surgery (ESVS). Eur Heart J. 2018;39:763–816. https://doi.org/10.1093/eurheartj/ehx095.

Beck AW, Sedrakyan A, Mao J, Venermo M, Faizer R, Debus S, Behrendt CA, Scali S, Altreuther M, Schermerhorn M, Beiles B, Szeberin Z, Eldrup N, Danielsson G, Thomson I, Wigger P, Björck M, Cronenwett JL, Mani K. International consortium of vascular registries. Variations in abdominal aortic aneurysm care: a report from the international consortium of vascular registries. Circulation. 2016;134:1948–1958. https://doi.org/10.1161/CIRCULATIONAHA.116.024870.

Birkmeyer JD, Sharp SM, Finlayson SR, Fisher ES, Wennberg JE. Variation profiles of common surgical procedures. Surgery. 1998;124:917–23. PMID: 9823407.

Birkmeyer JD, Reames BN, McCulloch P, Carr AJ, Campbell WB, Wennberg JE. Understanding of regional variation in the use of surgery. Lancet. 2013;382(9898):1121–9. https://doi.org/10.1016/S0140-6736(13)61215-5.

Boss EF, Marsteller JA, Simon AE. Outpatient tonsillectomy in children: demographic and geographic variation in the United States, 2006. J Pediatr. 2012;60: 814–9. https://doi.org/10.1016/j.jpeds.2011.11.041.

Bradley SM, Spertus JA, Kennedy KF, Nallamothu BK, Chan PS, Patel MR, Bryson CL, Malenka DJ, Rumsfeld JS. Patient selection for diagnostic coronary angiography and hospital-level percutaneous coronary intervention appropriateness:

insights from the National Cardiovascular Data Registry. JAMA Intern Med. 2014;174:1630–9. https://doi.org/10.1001/jamainternmed.2014.3904.

Bragg F, Cromwell DA, Edozien LC, Gurol-Urganci I, Mahmood TA, Templeton A, van der Meulen JH. Variation in rates of caesarean section among English NHS trusts after accounting for maternal and clinical risk: cross sectional study. BMJ. 2010;341:c5065. https://doi.org/10.1136/bmj.c5065.

Bronner KK, Goodman DC. The Dartmouth Atlas of Health Care – bringing health care analyses to health systems, policymakers, and the public. Res Health Serv Reg. 2022;1(1):6. https://doi.org/10.1007/s43999-022-00006-2.

Cameron JK, Chandrasiri U, Millar J, Aitken JF, Cramb S, Dunn J, Frydenberg M, Rashid P, Mengersen K, Chambers SK, Baade PD, Smith DP. Disease mapping: geographic differences in population rates of interventional treatment for prostate cancer in Australia. PLoS One. 2023;18:e0293954. https://doi.org/10.1371/journal.pone.0293954.

Cary C, Odisho AY, Cooperberg MR. Variation in prostate cancer treatment associated with population density of the county of residence. Prostate Cancer Prostatic Dis. 2016;19:174–9. https://doi.org/10.1038/pcan.2015.65.

Castro-Ferreira R, Lachat M, Schneider PA, Freitas A, Leite-Moreira A, Sampaio SM. Disparities in contemporary treatment rates of abdominal aortic aneurysms across western countries. Eur J Vasc Endovasc Surg. 2019;58:200–205. https://doi.org/10.1016/j.ejvs.2019.03.007.

Cooperberg MR, Meeks W, Fang R, Gaylis FD, Catalona WJ, Makarov DV. Time trends and variation in the use of active surveillance for management of low-risk prostate cancer in the US. JAMA Netw Open. 2023;6:e231439. https://doi.org/10.1001/jamanetworkopen.2023.1439.

Dakour-Aridi H, Vyas PK, Schermerhorn M, Malas M, Eldrup-Jorgensen J, Cronenwett J, Wang G, Kashyap VS, Motaganahalli RL. Regional variation in patient selection, practice patterns, and outcomes based on techniques for carotid artery revascularization in the vascular quality initiative. J Vasc Surg. 2023;78:687–694.e2. https://doi.org/10.1016/j.jvs.2023.05.029.

Debus ES, Heidemann F, Gross-Fengels W, Mahlmann A, Muhl E, Pfister K, Roth S, Stroszczynski CH, Walther A, Weiss N, Wilhelmi M, Grundmann RT. Deutsche Gesellschaft für Gefäßchirurgie und Gefäßmedizin (DGG) (2018) S3-Leitlinie zu Screening, Diagnostik, Therapie und Nachsorge des Bauchaortenaneurysmas. AWMF-Registernummer 004–014.

Doleman B, Fonnes S, Lund JN, Boyd-Carson H, Javanmard-Emamghissi H, Moug S, Hollyman M, Tierney G, Tou S, Williams JP. Appendectomy versus antibiotic treatment for acute appendicitis. Cochrane Database Syst Rev. 2024;4(4):CD015038. https://doi.org/10.1002/14651858.CD015038.

Dovzhanskiy D, Behrendt C-A, Görtz H et al. Das große Verbesserungspotenzial in der multimodalen Basisbehandlung der peripheren arteriellen Verschlusskrankheit (pAVK): ein Aufruf zum flächendeckenden Ausbau der pAVK-Gehtrainingsgruppen in Deutschland. Gefässchirurgie. 2023;28:235–239. https://doi.org/10.1007/s00772-022-00962-6.

Eckert, N, Gießelmann, K. Chronisches Koronarsyndrom: Zu wenige Ischämietests. Dtsch Arztebl. 2019;116(51–52):A-2400/B-1971/C-1911.

Eckstein et al. S3-Leitlinie zur Diagnostik, Therapie und Nachsorge der extracraniellen Carotisstenose. 2. Aufl. 03. Februar 2020. AWMF-Registernummer: 004-028.

Erk A, Trenner M, Salvermoser M, Reutersberg B, Schmid V, Eckstein HH, Kuehnl A. Zusammenhang zwischen der regionalen Siedlungsstruktur und der Krankenhausinzidenz, Therapieform und Mortalität von nicht-rupturierten abdominalen Aortenaneurysmen. Sekundärdatenanalyse der deutschen DRG-Statistik von 2005–2014. Z Evid Fortbild Qual Gesundhwes. 2021;163:38–46. https://doi.org/10.1016/j.zefq.2021.02.011.

Fan EY, Buckner MA, LiCausi J, Crawford A, Boitano LT, Malka KT, Schanzer A, Simons JP. Characterizing the frequency and indications for repair of abdominal aortic aneurysms with diameters smaller than recommended by societal guidelines. J Vasc Surg. 2023;77:1637–1648. https://doi.org/10.1016/j.jvs.2023.01.201.

Ferris M, Quan S, Kaplan BS, Molodecky N, Ball CG, Chernoff GW, Bhala N, Ghosh S, Dixon E, Ng S, Kaplan GG. The global incidence of appendicitis: a systematic review of population-based studies. Ann Surg. 2017;266:237–241. https://doi.org/10.1097/SLA.0000000000002188.

Fisher ES, Welch HG. Avoiding the unintended consequences of growth in medical care: how might more be worse? JAMA. 1999;281:446–53. https://doi.org/10.1001/jama.281.5.446.

Fitzgibbons RJ Jr, Giobbie-Hurder A, Gibbs JO, Dunlop DD, Reda DJ, McCarthy M Jr, Neumayer LA, Barkun JS, Hoehn JL, Murphy JT, Sarosi GA Jr, Syme WC, Thompson JS, Wang J, Jonasson O. Watchful waiting vs repair of inguinal hernia in minimally symptomatic men: a randomized clinical trial. JAMA. 2006;295:285–92. https://doi.org/10.1001/jama.295.3.285.

Frank-Tewaag J, Bleek J, Günster C, Schneider U, Horenkamp-Sonntag D, Marschall U, Franke S, Schlößler K, Donner-Banzhoff N, Sundmacher L. Regional variation in coronary angiography rates: the association with supply factors and the role of indication: a spatial analysis. BMC Cardiovasc Disord. 2022;22:72. https://doi.org/10.1186/s12872-022-02513-z.

Garriga C, Leal J, Sánchez-Santos MT, Arden N, Price A, Prieto-Alhambra D, Carr A, Rangan A, Cooper C, Peat G, Fitzpatrick R, Barker K, Judge A. Geographical variation in outcomes of primary hip and knee replacement. JAMA Netw Open. 2019;2:e1914325. https://doi.org/10.1001/jamanetworkopen.2019.14325.

Gasior SA, O'Donnell JPM, Davey M, Clarke J, Jalali A, Ryan É, Aherne TM, Walsh SR. Optimal management of asymptomatic carotid artery stenosis: a systematic review and network meta-analysis. Eur J Vasc Endovasc Surg. 2023;65:690–699. https://doi.org/10.1016/j.ejvs.2023.01.020.

Geißler K, Guntinas-Lichius O. Aktuelle Betrachtung der Tonsillektomie und Tonsillotomie. Laryngorhinootologie. 2020;99:568–582. https://doi.org/10.1055/a-1148-2494.

Gerhard-Herman MD, Gornik HL, Barrett C et al. 2016 AHA/ACC Guideline on the management of patients with lower extremity peripheral artery disease: a report of the American College of Cardiology/American Heart Association Task Force on Clinical Practice Guidelines. J Am Coll Cardiol. 2017;69: e71–e126.

de Goede B, Wijsmuller AR, van Ramshorst GH, van Kempen BJ, Hop WCJ, Klitsie PJ, Scheltinga MR, de Haan J, Mastboom WJB, van der Harst E, Simons MP, Kleinrensink GJ, Jeekel J, Lange JF, INCA Trialists' Collaboration. Watchful waiting versus surgery of mildly symptomatic or asymptomatic inguinal hernia in men aged 50 years and older: a randomized controlled trial. Ann Surg. 2018;267:42–49. https://doi.org/10.1097/SLA.0000000000002243.

Golledge J, Moxon JV, Rowbotham S, Pinchbeck J, Yip L, Velu R, Quigley F, Jenkins J, Morris DR. Risk of major amputation in patients with intermittent claudication undergoing early revascularization. Br J Surg. 2018;105:699–708. https://doi.org/10.1002/bjs.

Grima MJ, Behrendt CA, Vidal-Diez A, Altreuther M, Björck M, Boyle JR, Eldrup N, Karthikesalingam A, Khashram M, Loftus I, Schermerhorn M, Setacci C, Szeberin Z, Debus S, Venermo M, Holt P, Mani K. Editor's Choice – Assessment of correlation between mean size of infrarenal abdominal aortic aneurysm at time of intact repair against repair and rupture rate in nine countries. Eur J Vasc Endovasc Surg. 2020;59:890–897. https://doi.org/10.1016/j.ejvs.2020.01.024.

Gustavsen EM, Haug ES, Haukland E, Heimdal R, Stensland E, Myklebust TÅ, Hauglann B. Geographic and socioeconomic variation in treatment of elderly prostate cancer patients in Norway – a national register-based study. Res Health Serv Reg. 2024;3:8. https://doi.org/10.1007/s43999-024-00044-y.

Hager B, Kraywinkel K, Keck B, Katalinic A, Meyer M, Zeissig SR, Stabenow R, Froehner M, Huber J. Integrated prostate cancer centers might cause an overutilization of radiotherapy for low-risk prostate cancer: a comparison of treatment trends in the United States and Germany from 2004 to 2011. Radiother Oncol. 2015;115:90–5. https://doi.org/10.1016/j.radonc.2015.02.024.

Heath EL, Ackerman IN, Holder C, Lorimer MF, Graves SE, Harris IA. Between-hospital and between-surgeon variation in thresholds for hip and knee replacement. ANZ J Surg. 2022;92:2229–2234. https://doi.org/10.1111/ans.17811.

Hemschemeier M, Bittkowski M, Stollorz V. Knieprothesen – starker Anstieg und große regionale Unterschiede. Science Media Center Germany. Bertelsmann Stiftung, 2018.

Henke RM, Wier LM, Marder WD, Friedman BS, Wong HS. Geographic variation in cesarean delivery in the United States by payer. BMC Pregnancy Childbirth. 2014;14:387. https://doi.org/10.1186/s12884-014-0387-x.

Hicks CW, Holscher CM, Wang P, Black JH 3rd, Abularrage CJ, Makary MA. Overuse of early peripheral vascular interventions for claudication. J Vasc Surg. 2020;71:121–130.e1. https://doi.org/10.1016/j.jvs.2019.05.005.

Holscher CM, Weaver ML, Black JH 3rd, Abularrage CJ, Lum YW, Reifsnyder T, Zarkowsky DS, Hicks CW. Regional market competition is associated with aneurysm diameter at the time of EVAR. Ann Vasc Surg. 2021;70:190–196. https://doi.org/10.1016/j.avsg.2020.07.011.

Hoxha I, Syrogiannouli L, Braha M, Goodman DC, da Costa BR, Jüni P. Caesarean sections and private insurance: systematic review and meta-analysis. BMJ Open. 2017;7:e016600. https://doi.org/10.1136/bmjopen-2017-016600.

Ilyas S, Stone DH, Kang J, Cooper MA, Columbo JA, Huber TS, Suckow BD, Goodney PP, Scali ST. Non-guideline-compliant endovascular abdominal aortic aneurysm repair in women is associated with increased mortality and reintervention compared with men. J Vasc Surg. 2022;75:118–125.e1. https://doi.org/10.1016/j.jvs.2021.07.109.

IQWiG-Berichte – Nr. 1405. Tonsillektomie oder Tonsillotomie Evidenzbericht zur S3-Leitlinie Therapie entzündlicher Erkrankungen der Gaumenmandeln/Tonsillitis. Evidenzbericht V21-09C. 16.08.2022.

Jansen SCP, van Nistelrooij LPJ, Scheltinga MRM, Rouwet EV, Teijink JAW, Vahl AC. Successful implementation of the exercise first approach for intermittent claudication in the Netherlands is associated with few lower limb revascularisations. Eur J Vasc Endovasc Surg. 2020;60:881–887. https://doi.org/10.1016/j.ejvs.2020.07.074.

Jennison T, MacGregor A, Goldberg A. Hip arthroplasty practice across the Organisation for Economic Co-operation and Development (OECD) over the last decade. Ann R Coll Surg Engl. 2023;105: 645–652. https://doi.org/10.1308/rcsann.2022.0101.

Jensen TM, Pedersen JK, Waldorff FB, Søndergaard J, Overgaard S, Christensen K. Trends in incidence of hip fracture and hip replacement in Denmark, 1996 to 2018. JAMA Netw Open. 2024;7:e249186. https://doi.org/10.1001/jamanetworkopen.2024.9186.

Jester R, Rodney A. The relationship between obesity and primary Total Knee Replacement: a scoping review of the literature. Int J Orthop Trauma Nurs. 2021;42:100850. https://doi.org/10.1016/j.ijotn.2021.100850.

Jin X, Gibson AA, Gale J, Schneuer F, Ding D, March L, Sainsbury A, Nassar N. Does weight loss reduce the incidence of total knee and hip replacement for osteoarthritis? A prospective cohort study among middle-aged and older adults with overweight or obesity. Int J Obes (Lond). 2021;45:1696–1704. https://doi.org/10.1038/s41366-021-00832-3.

Klauber J, Geraedts M, Friedrich J, Wasem J. Krankenhaus-Report 2018. Bedarf und Bedarfsgerechtigkeit. Schattauer GmbH, Stuttgart 2018.

Kozhimannil KB, Law MR, Virnig BA. Cesarean delivery rates vary tenfold among US hospitals; reducing variation may address quality and cost issues. Health Aff (Millwood). 2013;32:527–35. https://doi.org/10.1377/hlthaff.2012.1030.

Krampe N, Kaufman SR, Oerline MK, Hill D, Caram MEV, Shahinian VB, Hollenbeck BK, Maganty A. Health care delivery system contributions to management of newly diagnosed prostate cancer. Cancer Med. 2023;12:17346–17355. https://doi.org/10.1002/cam4.6349.

Kubba H, Downie LS. Variation in paediatric tonsillectomy rates between Scottish health board areas, 2001–2018: is socio-economic deprivation to blame? J Laryngol Otol. 2023;137:285–292. https://doi.org/10.1017/S0022215122001384.

Kuehnl A, Salvermoser M, Knipfer E, Zimmermann A, Schmid V, Eckstein HH. Regional frequency variation of revascularization procedures for carotid stenosis in Germany: secondary data analysis of DRG data from 2012 to 2014. Gefasschirurgie. 2018;23(Suppl 2):56–65. https://doi.org/10.1007/s00772-018-0415-7.

Kuehnl A, Kallmayer M, Bohmann B, Lohe V, Moser R, Naher S, Kirchhoff F, Eckstein HH, Knappich C. Association between hospital ownership and patient selection, management, and outcomes after carotid endarterectomy or carotid artery stenting: secondary data analysis of the Bavarian statutory quality assurance database. BMC Surg. 2024;24:158. https://doi.org/10.1186/s12893-024-02448-6.

Leape LL, Park RE, Solomon DH, Chassin MR, Kosecoff J, Brook RH. Does inappropriate use explain small-area variations in the use of health care services? JAMA. 1990;263:669–72. PMID: 2404147.

Lüring C, Niethard F-U, Günther K-P, Schäfer T, Hannemann F, Pritzkuleit R, Maier W, Kirschner S. Faktencheck Gesundheit. Knieoperationen (Endoprothetik) – Regionale Unterschiede und ihre Einflussfaktoren. Bertelsmann Stiftung 2013.

Madabhushi V, Davenport D, Jones S, Khoudoud SA, Orr N, Minion D, Endean E, Tyagi S. Revascularization of intermittent claudicants leads to more chronic limb-threatening ischemia and higher amputation rates. J Vasc Surg. 2021;74:771–779. https://doi.org/10.1016/j.jvs.2021.02.045.

Main EK, Chang SC, Cheng YW, Rosenstein MG, Lagrew DC. Hospital-level variation in the frequency of cesarean delivery among nulliparous women who undergo labor induction. Obstet Gynecol. 2020;136:1179–1189. https://doi.org/10.1097/AOG.0000000000004139.

Manderbacka K, Satokangas M, Arffman M, Reissell E, Keskimäki I, Leyland AH. Explaining regional variation in elective hip and knee arthroplasties in Finland 2010–2017-a register-based cohort study. BMC Health Serv Res. 2022;22:891. https://doi.org/10.1186/s12913-022-08305-7.

Medenwald D, Ferencz J, Vordermark D. Predictors of the regional variation of prostatectomy or radiotherapy: evidence from German cancer registries. J Cancer Res Clin Oncol. 2020;146:1197–1204. https://doi.org/10.1007/s00432-020-03140-x.

Mesterton J, Ladfors L, Ekenberg Abreu A, Lindgren P, Saltvedt S, Weichselbraun M, Amer-Wåhlin I. Case mix adjusted variation in cesarean section rate in Sweden. Acta Obstet Gynecol Scand. 2017;96:597–606. https://doi.org/10.1111/aogs.13117.

Molina G, Weiser TG, Lipsitz SR, Esquivel MM, Uribe-Leitz T, Azad T, Shah N, Semrau K, Berry WR, Gawande AA, Haynes AB. Relationship between cesarean delivery rate and maternal and neonatal mortality. JAMA. 2015;314:2263–70. https://doi.org/10.1001/jama.2015.15553.

Moss AJ, Williams MC, Newby DE, Nicol ED. The updated NICE guidelines: Cardiac CT as the first-line test for coronary artery disease. Curr Cardiovasc Imaging Rep. 2017;10:15. https://doi.org/10.1007/s12410-017-9412-6.

Mota RE, Tarricone R, Ciani O, Bridges JF, Drummond M. Determinants of demand for total hip and knee arthroplasty: a systematic literature review. BMC Health Serv Res. 2012;12:225. https://doi.org/10.1186/1472-6963-12-225.

van Munster JJCM, Zamanipoor Najafabadi AH, Schoones JW, Peul WC, van den Hout WB, van Benthem PPG. The impact of new evidence on regional variation in paediatric tonsillectomy and adenoidectomy: a historical review. J Laryngol Otol. 2020;134:1036–1043. https://doi.org/10.1017/S002221512000273X.

van Munster JJCM, Wammes JJG, Bremmer RH, Zamanipoor Najafabadi AH, Hemler RJ, Peul WC, van den Hout WB, van Benthem PPG. Regional and hospital variation in commonly performed paediatric otolaryngology procedures in the Netherlands: a population-based study of healthcare utilisation between 2016 and 2019. BMJ Open. 2021;11:e046840. https://doi.org/10.1136/bmjopen-2020-046840.

Nguyen LL, Smith AD, Scully RE, Jiang W, Learn PA, Lipsitz SR, Weissman JS, Helmchen LA, Koehlmoos T, Hoburg A, Kimsey LG. Provider-induced demand in the treatment of carotid artery stenosis: variation in treatment decisions between private sector fee-for-service vs salary-based military physicians. JAMA Surg. 2017;152:565–572. https://doi.org/10.1001/jamasurg.2017.0077.

OECD. Health at a Glance 2023: OECD Indicators, OECD Publishing, Paris. 2023. https://doi.org/10.1787/7a7afb35-en.

Pallasmaa N, Alanen A, Ekblad U, Vahlberg T, Koivisto M, Raudaskoski T, Ulander VM, Uotila J. Variation in cesarean section rates is not related to maternal and neonatal outcomes. Acta Obstet Gynecol Scand. 2013;92:1168–74. https://doi.org/10.1111/aogs.12213.

Parry MG, Boyle JM, Nossiter J, Morris M, Sujenthiran A, Berry B, Cathcart P, Aggarwal A, van der Meulen J, Payne H, Clarke NW. Determinants of variation in radical local treatment for men with high-risk localised or locally advanced prostate cancer in England. Prostate Cancer Prostatic Dis. 2023;26:257–263. https://doi.org/10.1038/s41391-021-00439-9.

Patel MR, Calhoon JH, Dehmer GJ, Grantham JA, Maddox TM, Maron DJ, Smith PK. ACC/AATS/AHA/ASE/ASNC/SCAI/SCCT/STS 2017 appropriate use criteria for coronary revascularization in patients with stable ischemic heart disease: a report of the American College of Cardiology Appropriate Use Criteria Task Force, American Association for Thoracic Surgery, American Heart Association, American Society of Echocardiography, American Society of Nuclear Cardiology, Society for Cardiovascular Angiography and Interventions, Society of Cardiovascular Computed Tomography, and Society of Thoracic Surgeons. J Nucl Cardiol. 2017;24(5):1759–1792. https://doi.org/10.1007/s12350-017-0917-9.

Piedmont S, Swart E, Kenmogne R, Braun-Dullaeus RC, Robra BP. Linksherzkatheteruntersuchungen und ihre invasive Konsequenz – Regionalvergleiche ermitteln auffällige Unterschiede [Left-heart catheterization followed by other invasive procedures: regional comparisons reveal peculiar differences]. Z Evid Fortbild Qual Gesundhwes. 2017;127–128:62–71. German. https://doi.org/10.1016/j.zefq.2017.06.004.

Postler A, Goronzy J, Günther KP, Lange T, Redeker I, Schmitt J, Zink A, Callhoff J. Which disease-related factors influence patients' and physicians' willingness to consider joint replacement in hip and knee OA? Results of a questionnaire survey linked to claims data. BMC Musculoskelet Disord. 2020;21:352. https://doi.org/10.1186/s12891-020-03368-1.

Price AJ, Alvand A, Troelsen A, Katz JN, Hooper G, Gray A, Carr A, Beard D. Knee replacement. Lancet. 2018;392(10158):1672–1682. https://doi.org/10.1016/S0140-6736(18)32344-4.

Shean KE, McCallum JC, Soden PA, Deery SE, Schneider JR, Nolan BW, Rockman CB, Schermerhorn ML; Society for Vascular Surgery Vascular Quality Initiative. Regional variation in patient selection and treatment for carotid artery disease in the Vascular Quality Initiative. J Vasc Surg. 2017;66:112–121. https://doi.org/10.1016/j.jvs.2017.01.023.

Stöß C, Nitsche U, Neumann PA, Kehl V, Wilhelm D, Busse R, Friess H, Nimptsch U. Acute appendicitis: trends in surgical treatment—a population-based study of over 800.000 patients. Dtsch Arztebl Int. 2021;118:244–249. https://doi.org/10.3238/arztebl.m2021.0118.

The NHS Atlas of Variation in Healthcare. Reducing unwarranted variation to increase value and improve quality. September 2016. Public Health England. http://fingertips.phe.org.uk/documents/Atlas_2015%20Compendium.pdf. Accessed September 2024.

Trenner M, Knappich C, Bohmann B, Heuberger S, Eckstein HH, Kuehnl A. Utilization and regional differences of in-patient services for peripheral arterial disease and acute limb ischemia in Germany: secondary analysis of nationwide DRG data. J Clin Med. 2022;11:2116. https://doi.org/10.3390/jcm11082116.

Van den Dop LM, Van Egmond S, Heijne J, van Rosmalen J, de Goede B, Wijsmuller AR, Kleinrensink GJ, Tanis PJ, Jeekel J, Lange JF; INCA Trialists' Collaboration. Twelve-year outcomes of watchful waiting versus surgery of mildly symptomatic or asymptomatic inguinal hernia in men aged 50 years and older: a randomised controlled trial. EClinicalMedicine. 2023;64:102207. https://doi.org/10.1016/j.eclinm.2023.102207.

Venermo M, Wang G, Sedrakyan A, Mao J, Eldrup N, DeMartino R, Mani K, Altreuther M, Beiles B, Menyhei G, Danielsson G, Thomson I, Heller G, Setacci C, Björck M, Cronenwett J. Editor's choice – carotid stenosis treatment: variation in international practice patterns. Eur J Vasc Endovasc Surg. 2017;53:511–519. https://doi.org/10.1016/j.ejvs.2017.01.012.

Wall CJ, de Steiger RN, Vertullo CJ, Stoney JD, Graves SE, Lorimer MF, Kondalsamy-Chennakesavan S. Obesity is associated with an increased risk of undergoing knee replacement in Australia. ANZ J Surg. 2022;92(7–8):1814–1819. https://doi.org/10.1111/ans.17689.

Wanhainen A, Van Herzeele I, Bastos Goncalves F et al. Editor's choice – European Society for Vascular Surgery (ESVS) 2024 Clinical practice Guidelines on the Management of Abdominal Aorto-Iliac Artery Aneurysms. Eur J Vasc Endovasc Surg. 2024;67:192–331. https://doi.org/10.1016/j.ejvs.2023.11.002.

Ward MM, Dasgupta A. Regional variation in rates of total knee arthroplasty among medicare beneficiaries. JAMA Netw Open. 2020;3:e203717. https://doi.org/10.1001/jamanetworkopen.

Ward MM. Geographic differences in rates of primary total knee arthroplasty in young and older adults: a comparison of 3 US states. J Rheumatol. 2022;49:307–311. https://doi.org/10.3899/jrheum.210878.

Wehberg S, Guldberg R, Gradel KO, Kesmodel US, Munk L, Andersson CB, Jølving LR, Nielsen J, Nørgård BM. Risk factors and between-hospital variation of caesarean section in Denmark: a cohort study. BMJ Open. 2018;8(2):e019120. https://doi.org/10.1136/bmjopen-2017-019120. PMID: 29440158; PMCID: PMC5829888.

Wennberg JE, Barnes BA, Zubkoff M. Professional uncertainty and the problem of supplier-induced demand. Soc Sci Med. 1982;16811–24. https://doi.org/10.1016/0277-9536(82)90234-9. PMID: 7100999.

Wennberg J, Gittelsohn. Small area variations in health care delivery. Science. 1973;182(4117):1102–8. https://doi.org/10.1126/science.182.4117.1102.

Wertli MM, Schlapbach JM, Haynes AG, Scheuter C, Jegerlehner SN, Panczak R, Chiolero A, Rodondi N, Aujesky D. Regional variation in hip and knee arthroplasty rates in Switzerland: a population-based small area analysis. PLoS One. 2020;15:e0238287. https://doi.org/10.1371/journal.pone.0238287.

World Health Organization. Regional Office for Europe, European Observatory on Health Systems and Policies, Busse, Reinhard, Blümel, Miriam, Scheller-Kreinsen, David. et al. Tackling chronic disease in Europe: strategies, interventions and challenges. World Health Organization. Regional Office for Europe. 2010. https://iris.who.int/handle/10665/326484

Windfuhr, JP, Schmuker C, Günster C. Halsschmerzen als Operationsindikation vor und nach Publikation der Tonsillitis-Leitlinie: Longitudinalstudie mit 115.839 Tonsillektomiefällen. HNO 69. 2021:742–749.

Windfuhr JP, Günster C. Impact of the COVID-pandemic on the incidence of tonsil surgery and sore throat in Germany. Eur Arch Otorhinolaryngol. 2022;279:4157–4166. https://doi.org/10.1007/s00405-022-07308-8.

Zheng H, Chen C. Body mass index and risk of knee osteoarthritis: systematic review and meta-analysis of prospective studies. BMJ Open. 2015;5:e007568. https://doi.org/10.1136/bmjopen-2014-007568.

Zich K, Tisch T. Faktencheck Rücken. Rückenschmerzbedingte Krankenhausaufenthalte und operative Eingriffe – Mengenentwicklung und regionale Unterschiede. Bertelsmann Stiftung 2017.

Statistische Erhebungen – Quellenangaben

1. Statistisches Bundesamt (Hrsg). Fallpauschalenbezogene Krankenhausstatistik (DRG) Operationen/Prozeduren an vollstationären Patienten (Deutschland). (Destatis), Genesis-Online, Datenlizenz by-2-0. 2018. https://www-genesis.destatis.de/genesis//online?operation=table&code=23141-0101#astructure. Zugegriffen am 22.10.2020.

2. Statistisches Bundesamt (Hrsg). Bevölkerung: Bundesländer. (Destatis), Genesis-Online, Datenlizenz by-2-0. 2018. https://www-genesis.destatis.de/genesis/online#astructure. Zugegriffen am 22.10.2020.
3. Kassenärztliche Bundesvereinigung (KBV). KBV Gesundheitsdaten – Regionale Verteilung der Ärzte in der vertragsärztlichen Versorgung. Kassenärztliche Bundesvereinigung (KBV). 2022. https://gesundheitsdaten.kbv.de/cms/html/16402.php. Zugegriffen am 03.11.2023.
4. Statistisches Bundesamt (Hrsg). Fallpauschalenbezogene Krankenhausstatistik (DRG) Operationen/Prozeduren an vollstationären Patienten (Bundesländer). (Destatis), Genesis-Online, Datenlizenz by-2-0. 2019. https://www-genesis.destatis.de/genesis//online?operation=table&code=23141-0110#astructure. Zugegriffen am 22.10.2020.
5. Statistisches Bundesamt (Hrsg). Bevölkerung: Bundesländer. (Destatis), Genesis-Online, Datenlizenz by-2-0. 2019. https://www-genesis.destatis.de/genesis/online#astructure. Zugegriffen am 22.10.2020.
6. Statistisches Bundesamt (Hrsg). Fallpauschalenbezogene Krankenhausstatistik (DRG) Operationen/Prozeduren an vollstationären Patienten (Bundesländer). (Destatis), Genesis-Online, Datenlizenz by-2-0. 2017. https://www-genesis.destatis.de/genesis//online?operation=table&code=23141-0110#astructure. Zugegriffen am 22.10.2020.
7. Statistisches Bundesamt (Hrsg). Bevölkerung: Bundesländer. (Destatis), Genesis-Online, Datenlizenz by-2-0. 2017. https://www-genesis.destatis.de/genesis/online?operation=abruftabelleBearbeiten&levelindex=2&levelid=1726584005745&auswahloperation=abruftabelleAuspraegungAuswaehlen&auswahlverzeichnis=ordnungsstruktur&auswahlziel=werteabruf&code=12411-0010&auswahltext=&werteabruf=Werteabruf#abreadcrumb. Zugegriffen am 22.10.2020.
8. Statista. Anteil der Übergewichtigen in Deutschland nach Bundesländern bis 2017 | Statista. 2017. https://de.statista.com/statistik/daten/studie/256599/umfrage/bmi-anteil-der-uebergewichtigen-in-deutschland-nach-bundeslaendern/. Zugegriffen am 13.07.2021.
9. Statista. Durchschnittsalter der Bevölkerung in Deutschland nach Bundesländern. 2022. https://de.statista.com/statistik/daten/studie/1093993/umfrage/durchschnittsalter-der-bevoelkerung-in-deutschland-nach-bundeslaendern/. Zugegriffen am 09.06.2024.
10. Bundeszentrale für politische Bildung. Rentner (GRV). 2023. https://www.bpb.de/kurz-knapp/zahlen-und-fakten/soziale-situation-in-deutschland/61848/rentner-grv/. Zugegriffen am 09.06.2024.
11. Statistisches Bundesamt (Hrsg). Statistik der Geburten: Lebendgeborene nach Bundesländern. (Destatis), Genesis-Online, Datenlizenz by-2-0. 2019. https://www-genesis.destatis.de/genesis/online?sequenz=tabelleErgebnis&selectionname=12612-0100#abreadcrumb. Zugegriffen am 21.09.2022.

12. Statistisches Bundesamt (Hrsg). Bevölkerung: Bundesländer, Stichtag, Geschlecht. (Destatis), Genesis-Online, Datenlizenz by-2-0. 2018. https://www-genesis.destatis.de/genesis//online?operation=table&code=12411-0011&bypass=true&levelindex=0&levelid=1726592644441#abreadcrumb. Zugegriffen am 03.09.2024.
13. Bundesärztekammer. Ärztestatistik 2018. 2018. https://www.bundesaerztekammer.de/baek/ueber-uns/aerztestatistik/2018. Zugegriffen am 09.06.2024.
14. Statista. Krankenhausbetten je 100.000 Einwohner nach Bundesländern | Statista. 2018–2022. https://de.statista.com/statistik/daten/studie/39403/umfrage/krankenhausbettendichte-nach-bundeslaendern-in-2004/. Zugegriffen am 09.06.2024.
15. Statistisches Bundesamt (Hrsg). Durchschnittliche Lebenserwartung bei Geburt. (Periodensterbetafel): Bundesländer, Jahre, Geschlecht. (Destatis), Genesis-Online, Datenlizenz by-2-0. 2018. https://www-genesis.destatis.de/genesis/online?operation=abruftabelleBearbeiten&levelindex=1&levelid=1717954281696&auswahloperation=abruftabelleAuspraegungAuswaehlen&auswahlverzeichnis=ordnungsstruktur&auswahlziel=werteabruf&code=12621-0004&auswahltext=&werteabruf=Werteabruf#abreadcrumb. Zugegriffen am 17.08.2021.
16. Kassenärztliche Bundesvereinigung (KBV). KBV Gesundheitsdaten – Regionale Verteilung der Ärzte in der vertragsärztlichen Versorgung. Kassenärztliche Bundesvereinigung (KBV). 2018. https://gesundheitsdaten.kbv.de/cms/html/16402.php. Zugegriffen am 03.11.2023.
17. Institut der deutschen Wirtschaft Köln e.V. (Hrsg). Bruttoinlandsprodukt je Einwohner – Euro je Einwohner. Deutschland in Zahlen. 2019. www.deutschlandinzahlen.de. Zugegriffen am 01.03.2021.
18. OECD.Stat. Healthcare Utilisation: Surgical procedures. 2009–2021. https://stats.oecd.org/index.aspx?queryid=30167. Zugegriffen am 21.01.2021.
19. OECD Data (Hrsg). Health resources – Health spending – OECD Data. 2018. https://data.oecd.org/healthres/health-spending.htm. Zugegriffen am 22.11.2022.
20. OECD Data (Hrsg). Health status – Cause of death: Malignant neoplasms of prostate – OECD Data. 2016–2018. https://data-viewer.oecd.org?chartId=c8719323-36e9-4efa-a5bf-2e4d82eeb4fa. Zugegriffen am 15.09.2024.
21. Statista. Incidence of prostate cancer cases in Europe in 2018, by country | Statista. 2018. https://www.statista.com/statistics/1225615/prostate-cancer-incidece-in-europe/#:~:text=In%202018%2C%20Sweden%20reported%20211.6,were%20diagnosed%20in%20that%20year. Zugegriffen am 14.09.2024.
22. Statistics | Eurostat (Hrsg). Krankenhausbetten Eurostat. 2019. https://ec.europa.eu/eurostat/databrowser/view/tps00046/default/table?lang=en. Zugegriffen am 10.06.2021.
23. OECD Statistics (Hrsg). Healthcare resources – physicians by categories. Surgical group by categories. 2020. https://stats.oecd.org/Index.aspx?ThemeTreeId=9. Zugegriffen am 28.07.2022.

24. OECD Data (Hrsg). Health resources – Doctors – OECD Data. 2017–2021. https://data.oecd.org/healthres/doctors.htm. Zugegriffen am 10.06.2021.
25. OECD Data (Hrsg). Overweight or obese population. 2019. https://www.oecd.org/en/data/indicators/overweight-or-obese-population.html. Zugegriffen am 11.05.2022.
26. OECD Data (Hrsg). GDP and spending – Gross domestic product (GDP). 2017–2020. https://data.oecd.org/gdp/gross-domestic-product-gdp.htm. Zugegriffen am 22.11.2022.
27. OECD Data (Hrsg) Health resources – Health spending. 2017–2020. https://data.oecd.org/healthres/health-spending.htm. Zugegriffen am 22.11.2022.
28. Statista (Hrsg). Durchschnittsalter in den G20 Staaten 2023 | Statista. 2022. https://de.statista.com/statistik/daten/studie/684349/umfrage/altersmedian-der-bevoelkerung-in-g20-staaten/. Zugegriffen am 16.12.2022.
29. Statista (Hrsg). EU – Durchschnittsalter der Bevölkerung in den Mitgliedstaaten 2023 | Statista. 2022. https://de.statista.com/statistik/daten/studie/248994/umfrage/durchschnittsalter-der-bevoelkerung-in-den-eu-laendern/. Zugegriffen am 16.12.2022.
30. Statista (Hrsg). Länder mit der ältesten Bevölkerung der Welt 2023 | Statista. 2022. https://de.statista.com/statistik/daten/studie/242823/umfrage/laender-mit-dem-hoechsten-durchschnittsalter-der-bevoelkerung/. Zugegriffen am 16.12.2022.
31. OECD Data (Hrsg). Health status – life expectancy at birth. 2018–2020. https://data.oecd.org/healthstat/life-expectancy-at-birth.htm. Zugegriffen am 09.03.2022.
32. Eurostat (Hrsg). 3% of healthcare expenditure spent on preventive care. 2021. https://ec.europa.eu/eurostat/en/web/products-eurostat-news/-/ddn-20210118-1. Zugegriffen am 18.01.2021.
33. Eurostat (Hrsg). Health care expenditure by function. 2020. https://ec.europa.eu/eurostat/databrowser/view/HLTH_SHA11_HC__custom_4719007/default/table?lang=en. Zugegriffen am 18.01.2021.

MIX
Papier aus verantwortungsvollen Quellen
Paper from responsible sources
FSC® C105338

If you have any concerns about our products,
you can contact us on
ProductSafety@springernature.com

In case Publisher is established outside the EU,
the EU authorized representative is:
Springer Nature Customer Service Center GmbH
Europaplatz 3, 69115 Heidelberg, Germany

Printed by Libri Plureos GmbH
in Hamburg, Germany